Rudolf Sillib

Machiavellis Stellung zu Deutschland

Rudolf Sillib

Machiavellis Stellung zu Deutschland

ISBN/EAN: 9783743624894

Hergestellt in Europa, USA, Kanada, Australien, Japan

Cover: Foto ©ninafisch / pixelio.de

Manufactured and distributed by brebook publishing software (www.brebook.com)

Rudolf Sillib

Machiavellis Stellung zu Deutschland

Machiavellis Stellung zu Deutschland.

Inaugural-Dissertation

zur

Erlangung der Doctorwürde

der

hohen philosophischen Facultät

der

Ruprecht-Karls-Universität zu Heidelberg

vorgelegt von

Rudolf Sillib

aus

Mannheim.

Heidelberg.
Universitäts-Buchdruckerei von J. Hörning.
1892.

Meinen Eltern!

Vorliegende Arbeit ist im historischen Seminar auf Anregung des Herrn Hofrat Erdmannsdörffer entstanden und unter seiner Anleitung zur Dissertation von mir erweitert worden; für die freundlichen Ratschläge spreche ich auch an dieser Stelle dem verehrten Lehrer meinen ergebenen Dank aus.

Machiavelli wird zu allen Zeiten unter die vielseitigsten Schriftsteller gerechnet werden müssen, denn er vereinigt den Historiker, den Politiker und den Dichter in einer Person, so dass oft alle drei am gleichen Werk mitgearbeitet, so dass sein Interesse an staatsrechtlichen und politischen Erörterungen sich auch in seinen historischen und selbst in seinen poetischen Werken deutlich zu erkennen giebt; man denke nur an den berühmten Asino d'oro. Kann Machiavelli auch als Dichter keinen Anspruch auf Originalität erheben, so wird er immer unter den Historikern und in noch viel höherem Mass unter den Politikern einen ehrenvollen Platz einnehmen.

So geringes Verständnis Machiavelli zu seiner Zeit gefunden, das richtige Ziel hat er doch verfolgt; ist es auch geboten die Wege, die er zeigte, mit Vorsicht zu betreten, so muss man bedenken, „dass er in einem Lande lebte, dessen Zustand ihm so verzweifelt schien, dass er kühn genug war, ihm Gift zu verschreiben."[1]) Andererseits lässt sich aber nicht verkennen, wie sein nicht immer zu billigender Rat doch aus einer Absicht entsprang, die ihm alles zum besten dienen liess, aus seiner glühenden Vaterlandsliebe.[2]) Hier hat denn auch Machiavellis Einwirkung, natürlich nur neben anderen und zwar realeren Momenten, die herrlichsten Früchte reifen lassen, das in unserem Jahrhundert wieder zu neuem Leben erwachte Nationalitätsbewusstsein, die einheitliche Gestaltung und die Freiheit Italiens. Sein principe und seine discorsi leben heute

---

1) Ranke, zur Kritik neuerer Geschichtsschreiber. S. 174.
2) Knies, der Patriotismus Machiavellis. Preuss. Jahrb. Bd. 27.

in einander vereinigt im konstitutionellen Regierungssystem, freilich in einer Vereinigung, von der sich Machiavelli nie hätte träumen lassen.

Seitdem Cesare Balbo im Jahr 1843 seine speranze d'Italia geschrieben, ist zu bemerken, wie man mit der politischen Erhebung Italiens auch wieder beginnt, den Mann, der schon vor nahezu 400 Jahren in seiner Esortazione a liberare la Italia da' barbari[1]) sein politisches Programm niedergelegt hat, so zu feiern, wie er es verdient. Es ist natürlich, dass man zunächst sich hauptsächlich den politischen Werken Machiavellis zugewendet, doch um einen Einblick in das ganze Wesen des grossen Staatsmannes zu erhalten, durfte die Forschung nicht bei dem principe und bei den discorsi stehen bleiben, man musste weiter gehen, um ihn im Rahmen seines Landes, seiner Zeit, seiner individuellen Anlage, und was hierzu den Schlüssel giebt, in seinen gesamten Werken verstehen zu können. In neuerer Zeit ist dafür vieles geschehen. Durch die Erforschung des Kleinen und des Kleinsten kommt man allmählich dazu, den grossen Florentiner in seiner ganzen Eigenart zu verstehen. Auf diesem Weg sind die neuesten und besten italienischen Machiavelli-Biographen, Nitti, Villari und Tommasini[2]) auch ein gutes Stück weiter gekommen, allein auch bei ihnen zeigt sich noch manche Lücke, die eben erst nach und nach durch Einzeluntersuchungen auszufüllen ist.

In Folgendem wird es meine Aufgabe sein, alles, was Machiavelli von Deutschland berichtet, einheitlich darzustellen, um ein Gesamtbild der Anschauungen unseres Florentiners von Deutschland zu erhalten, gleichzeitig diese Angaben auf ihre Glaubwürdigkeit zu prüfen, weiterhin das Für und Wider seines Urteils näher ins Auge zu fassen und schliesslich ist es viel-

---

1) Principe, Cap. 26.
2) Nitti, Machiavelli nella vita e nelle Dottrine. Neapel 1876.
Villari, Niccolò Machiavelli e i suoi tempi. Florenz 1877.
Tommasini, la vita et gli scritti di Niccolò Machiavelli nella loro relazione col Machiavellismo. Turin 1883.

leicht noch möglich festzustellen, ob und in wieweit er in seinen späteren Anschauungen von den Eindrücken, die er in Deutschland gewonnen, beeinflusst ist. Doch bevor wir der eigentlichen Aufgabe näher treten, ist es erforderlich, einige zum Verständnis des Ganzen notwendige Bemerkungen vorauszuschicken und nur mit wenigen Worten auf die politische Lage von Florenz und auf die Sendung Machiavellis nach Deutschland einzugehen, der wir die Schriften unseres Gewährsmannes über Deutschland verdanken.

Von welcher Bedeutung für die Entwicklung der neueren Geschichtsschreibung die italienischen Gesandtschaften und die aus ihnen entstandenen Berichte geworden sind, weiss jeder, der Ranke und dessen epochemachendes Vorgehen in der Benutzung der italienischen Archive kennt. In Italien war bei seiner territorialen Zersplitterung in eine Menge von Dynastenherrschaften und Kommunen schon frühe das System des politischen Gleichgewichts aufgekommen und zum Teil wenigstens mag dieser Umstand dazu beigetragen haben, der Kunst der Diplomaten neben der Gewalt der kriegerischen Aktionen eine hervorragende Stelle zu sichern. Die Venezianer zumal waren infolge ihrer internationalen Beziehungen neben der päpstlichen Kurie zuerst dazu berufen, das moderne Gesandtschaftswesen systematisch auszubilden. Schon im 14. Jahrhundert begegnen wir ihren Gesandten an den bedeutenderen Höfen Europas, sie schicken ihre Depeschen an ihre Behörden und schreiben nach Ablauf ihrer Gesandtenthätigkeit die berühmten Relationen.

Man hat schon behauptet, dass man einzig und allein auf Grund solcher Depeschen und Relationen die ganze Geschichte mehrerer Jahrhunderte behandeln könne, eine Behauptung, die wir doch nur cum grano salis aufrecht erhalten dürfen, wenn wir bedenken, wie einseitig bei aller Wichtigkeit dieses diplomatischen Materials eine solche Darstellung notwendigerweise ausfallen müsste. So zutreffend im allgemeinen auch die Angaben sind, ein Mangel tritt uns fast bei allen Depeschen und Relationen entgegen, der sich freilich gerade aus ihrer Eigenart erklären lässt, nämlich ihre unpopuläre Seite, ihre vollkommene Vernachlässigung der Schilderung des Volkslebens.[1]) Aber auch abgesehen von diesem Mangel ist eine gewisse Vorsicht geboten bei der Benutzung der Depeschen und Relationen als geschichtlicher Quellen; erst nachdem man jeweils den Charakter und die Stellung des betreffenden Gesandten einer sorgfältigen Prüfung unterzogen, erst nach eingehender Vergleichung mit anderen Quellen ist man berechtigt, dieses diplomatische Material unbesorgt zu benutzen.[2]) Was das Verhältnis der Depeschen zu den Relationen betrifft, so ist der Natur der Sache nach einleuchtend, dass die ersteren den augenblicklichen Eindruck, mehr Einzelheiten von rein diplomatischem Interesse bieten und ebendeshalb vom Historiker zwar als ursprüngliche Quelle zunächst zu beachten sind, dass sie aber auch häufig die alleruntergeordnetsten Dinge berichten, während die Relationen nur das Wichtigere in einheitlicher Darstellung und logischer Verknüpfung zu einem zusammenfassenden Ganzen verarbeiten.

Solche gesandtschaftliche Akten finden wir auch in Machiavellis Werken. Seine bedeutendsten sind:

die 4 legazioni alla Corte di Francia,
die 2 „ al Duca Valentino in Romagna,
die 2 „ alla Corte di Roma und
die legazione all' Imperatore Massimiliano in Germania.

Diese Gesandtschaften geben uns Gelegenheit auch in die praktische staatsmännische Thätigkeit Machiavellis einen Blick zu thun und dabei zu erkennen, wie er als Praktiker in seinen Gesandtschaften dem Theoretiker in seinen philosophisch gehaltenen Schriften der Staatslehre ebenbürtig zur Seite zu stellen

---

1) Erdmannsdörffer, Über die Depeschen der venezianischen Gesandten mit besonderem Bezug auf Deutschland. Berichte der königl. sächs. Gesellschaft der Wissenschaften. Bd. 9. S. 52 und 53.

2) Ullmann, Über den Wert diplomatischer Depeschen als Geschichtsquellen. Akad. Antrittsrede vom Jahr 1874.

ist. Ja wir können bis zu einem gewissen Grad deutlich verfolgen, wie gerade diese praktische Thätigkeit die Grundlage zu seinen theoretischen Schriften geschaffen, wie Machiavelli gerade hier die Eindrücke empfangen, welche für seine späteren Anschauungen massgebend werden sollten. Betrachten wir die genannten Gesandtschaften, so lernte er während seines Aufenthalts am französischen Hof die Vorteile einer einheitlichen Landesregierung schätzen; seine Verhandlungen mit Cesare Borgia lassen ihn in demselben neben Ferdinand dem Katholischen das Muster für seinen principe finden, seine Sendungen an den römischen Hof verschaffen ihm einen Einblick in die päpstliche Politik, welcher er hauptsächlich die Schuld an dem Unheil Italiens beilegt. Alle diese Erfahrungen hat er dann in seinem politischen Programm verwertet: die einheitliche Umgestaltung Italiens ist nur möglich durch die Demütigung der Kurie, durch Befreiung von den Fremden, nur durch einen neuen Fürsten.

Wie geschickt sich Machiavelli als Gesandter zu bewegen wusste, wie scharf er in die Eigentümlichkeiten der einzelnen Personen einzugehen verstand, wie zutreffend seine Beobachtungen auf dem Gebiet der Politik meist sind, zeigt uns jeder Blick in seine Legationen. Es ist das wahrhaft bewundernswert, wenn man die Stellung Machiavellis als Gesandter näher ins Auge fasst, und dabei erfährt, dass er niemals, auch nicht während seiner Amtsthätigkeit unter dem gonfaloniere Soderini eigentlicher oratore oder ambasciatore, dass er immer nur mandatario gewesen, dass er als solcher nur zu ausserordentlichen, nicht zu stehenden Gesandtschaften verwendet worden ist und dass er ebendeshalb sich mit einer relativ untergeordneten Stellung und mit einer ziemlich beschränkten Vollmacht begnügen musste.[1]) Nichtsdestoweniger hat er seiner Regierung und seiner Vaterstadt durch seine Gesandtenthätigkeit die erspriesslichsten Dienste geleistet. Was er hört, erzählt er einfach, oft mit

---

1) Heidenheimer, Machiavellis erste römische Legation, ein Beitrag zur Beleuchtung seiner gesandtschaftlichen Thätigkeit. Strassburger Dissertation 1878. S. 39 u. ff.

Angabe seiner Quellen, und zwar in klarem, knappen Stil; doch verschmäht er es gelegentlich nicht, einmal eine Rede in seinen Depeschen wiederzugeben, eine Gewohnheit, die wir auch bei den venezianischen Gesandten antreffen. Später hat Machiavelli seine Ansichten über die Gesandtenthätigkeit in einer besonderen Schrift eingehend behandelt, in seiner Istruzione a Rafaello Girolami vom Jahr 1522, es ist dies eine Privatarbeit, nicht etwa eine vom Staat geforderte, weshalb sie für uns um so mehr an Wert gewinnt.[1]) Auf den Inhalt der Istruzione hier näher einzugehen, würde zu weit führen; es mag für unsere Zwecke genügend sein gezeigt zu haben, wie redlich Machiavelli auf seinem Gesandtenposten bemüht war sein Bestes zu geben.

Seit dem Tod des Lorenzo il Magnifico im Jahr 1492 war für Italien eine verhängnisvolle Zeit eingetreten; schien Lorenzo dazu berufen durch seine Vermittlungspolitik Italien von fremder Einmischung frei zu erhalten und ist es ihm auch, solange er lebte, gelungen das politische Gleichgewicht in Italien selbst im allgemeinen aufrecht zu erhalten, so beginnt unmittelbar nach seinem Tod unter der schwachen Regierung des Piero Medici und unter dem Einfluss der französischen Invasion durch Karl VIII. im Jahr 1494 Italien der Schauplatz langer und heisser Kämpfe zu werden. Pieros zweideutige und unwürdige Politik Karl VIII. und der Signorie von Florenz gegenüber giebt die Veranlassung zu einem Volksaufstand, durch den die Medici am 8. November 1494 vertrieben werden. In der Folgezeit sehen wir Florenz unter Savonarolas Führung ganz in den Bahnen der französischen Politik sich bewegen und im Kampf gegen Maximilian bei Gelegenheit seines ersten italienischen Feldzuges vom Jahr 1496 verficht die Republik mit Ehren ihre französische Gesinnung. Doch schon zwei Jahre darauf vollzieht sich in Florenz, wenn auch nicht eine Änderung der äusseren

---

1) Heidenheimer, a. a. O. S. 59.

Politik, so doch eine tiefgehende Umgestaltung der bestehenden Verfassung. Die theokratische Demokratie fällt mit ihrem Haupt Savonarola, der dem Hass Alexanders VI. und den Umtrieben des alten florentinischen Adels unterliegt. Erst durch die Zurückführung der Medici im Jahr 1512 wird diese Adelsherrschaft gebrochen.

Wenige Monate vor dem Tod Savonarolas war in Frankreich Karl VIII. gestorben. Indessen bleiben die freundlichen Gesinnungen beider Staaten unverändert bestehen auch unter seinem Nachfolger Ludwig XII., der sofort den Florentinern seinen Regierungsantritt anzeigt und zu Gunsten Savonarolas noch intervenieren will, um sich den teuren Bundesgenossen zu erhalten, dessen Fall er freilich nicht mehr hemmen konnte; doch im übrigen bleibt Florenz seinem Verhältnis zu Frankreich treu. Schon am 28. Juni 1498 sehen wir eine feierliche Gesandtschaft von Florenz auf dem Weg zum König, um ihn zum Regierungsantritt zu beglückwünschen und die Ergebenheit der Stadt auszudrücken, um das Misstrauen Ludwigs gegen die Venezianer zu erregen, die das von Florenz abgefallene Pisa unter ihren Schutz stellen wollen.¹) Nach der Eroberung Mailands durch Ludwig werden die Freundschaftsbande zwischen Frankreich und Florenz immer enger, so dass durch eine neue florentinische Gesandtschaft ein regelrechtes Schutz- und Trutzbündnis zwischen beiden Staaten angebahnt wird, das seit dem verunglückten Versuch Lodovico Moros im Februar 1500, seine Herrschaft dauernd wieder zu gewinnen, sich durch eine Gesandtschaft zum Kardinal d'Amboise, dem Statthalter Mailands neu bethätigen sollte.²) Natürlich steht an der Spitze der Gesandteninstruktion der Glückwunsch zur zweiten Eroberung Mailands, aber die Verhandlungen inbetreff Pisas nehmen schon hier eine festere Gestalt an. Ludwig ist nun unbestrittener Herr in der Lombardei; er ist der Freund Alexanders VI., er ist der Ver-

---

1) A. Desjardins, Négociations diplomatiques de la France avec la république de Florence, in der Collection de documents inédits sur l'histoire de France. II. S. 15.
2) Ebendas. S. 31—34.

bündete von Florenz; wer sollte unter diesen Verhältnissen seiner Eroberungspolitik in Italien noch wirksam entgegentreten können? So nimmt er wieder den Gedanken Karls VIII. auf und beginnt den bekannten neapolitanischen Feldzug, der ihm allerdings schliesslich doch nicht zum Heil ausgeschlagen ist. Florenz hatte an diesem Unternehmen weniger Interesse, wenn es sich um die Gunst des Franzosenkönigs bemühte, so geschah dies hauptsächlich im Hinblick auf die französische Unterstützung gegen Pisa und späterhin auch gegen Cesare Borgia und die medicäischen Umtriebe, und dieser Umstand war es, der die Florentiner in fortdauernder Verbindung mit Frankreich uns zeigt. Im Ganzen waren auch die Bemühungen der Republik nicht umsonst; Ludwig bewies sich als zuverlässiger Bundesgenosse, er unterstützte Florenz gegen die Venezianer und verstand es, die Stadt durch einen Vertrag mit den Spaniern vor ihren Angriffen zu schützen.[1])

Eine äusserst fruchtbare Gesandtenthätigkeit hatte in jenen Jahren Pietro Soderini entwickelt, ein am französischen Hof gern gesehener Mann, der dann gerade auf die Verwendung Ludwigs hin vom 12. November 1502 ab die höchste Würde in der florentinischen Republik bekleiden sollte, nämlich die eines lebenslänglichen gonfaloniere[2]); er und sein auch durch französische Gunst zum Kardinal beförderter Bruder Francesco Soderini waren die Häupter der französischen Partei in Florenz, das bei all den Bedrängnissen des ersten Jahrzehnts des 16ten Jahrhunderts seine einzige Rettung nur in engem Anschluss an Frankreich finden konnte. Man zog es deshalb vor, anstatt der vielen sich immer wieder erneuernden Gesandtschaften einen ständigen Gesandten am französischen Hof zu haben und schickte zu diesem Zweck den Francesco Pandolfini, der vom 30. Mai 1505 bis 1. Mai 1507 in Frankreich die florentinische Sache mit Geschick zu führen verstand; er war persona gratissima bei Ludwig und stets in dessen Gefolge, so auch als dieser

---

1) Ebendas. S. 81.
2) Ebendas. S. 76.

— 15 —

wieder über die Alpen zog, um das im Frühjahr 1507 abgefallene Genua, wo die Popolaren die Oberhand gewonnen und sich auf ihre Reichsangehörigkeit beriefen, wieder unter seine Herrschaft zu bringen. Bei dieser Gelegenheit hätte Pisa leicht durch die Franzosen den Florentinern endlich unterworfen werden können, aber so sehr auch Pandolfini seine Signorie zur Absendung einer Gesandtschaft drängte, so verpasste die Republik doch den richtigen Zeitpunkt, ihre Gesandten kamen diesmal zu spät, denn Ludwig hatte schon seine Armee entlassen, nachdem er Ende April als Sieger in Genua eingezogen war.[1]) Ein Jahr später schien es sogar, als ob sich die Chancen zu gunsten Pisas wenden wollten, denn Ludwig verlangt in einem Brief an Florenz vom 19. Mai 1508,[2]) dass die Signorie jetzt die Feindseligkeiten gegen Pisa einstellen solle, damit sie alle ihre Kräfte mit den französischen vereine, um Maximilian, der eben im Begriff war, nach Italien einzudringen, wirksamen Widerstand leisten zu können; freilich war diese Vorsicht des Franzosenkönigs unnötig, die Venezianer hatten schon allein das deutsche Heer zersprengt.[3])

Soviel war gewiss, dass der Romzug Maximilians nicht nur zur Erlangung der Kaiserkrone unternommen war,[4]) dass er vielmehr in der Hauptsache gegen die Franzosenherrschaft in der Lombardei gerichtet war,[5]) denn seitdem im Mai 1506

---

1) Ebendas. S. 248.
2) Ebendas. S. 252.
3) Leider sind die Depeschen Francesco Pandolfinis von Desjardins nur gekürzt wiedergegeben, denn nur was auf Frankreich Bezug hat, ist abgedruckt, während viele andere wertvolle Angaben so die über die deutsche Politik entweder ganz weggelassen oder nur so verkürzt aufgenommen sind, dass sich keine klare Vorstellung hiernach darüber gewinnen lässt. Erst unmittelbar vor dem Romzug traten die Verhandlungen mit Deutschland in den Vordergrund der florentinischen Politik, worauf noch zurückzukommen ist.
4) Datt, de pace publica. S. 688.
5) Machiavelli sagt in einem Brief an Giovanni Ridolfi vom 12. Juni 1506: Der Zweck des Romzuges sei die Erlangung der Kaiserkrone und „die Ehre zu erlangen, die Maximilian auf seinem ersten Zug nach Toskana verloren."

Ludwig offenbar seinen Vertrag mit Maximilian durch die Unterstützung des aufrührerischen Karl von Geldern gebrochen, sah Maximilian die Belehnung Ludwigs mit Mailand für nichtig an.[1]) Es handelte sich nur darum, ob Maximilian im Reich, in der Schweiz und in den italienischen Staaten die genügende Unterstützung gegen Frankreich fand.

Was zunächst die Stimmung der Stände auf dem konstanzer Reichstag betrifft, so konnte sie im allgemeinen für Maximilian nicht günstiger sein, denn allerseits war man mit den Vorschlägen des Königs wohl zufrieden, der in längerer Rede darauf hingewiesen, wie er das von altersher dem Reich in Italien angehörige Land wieder zurückzuerobern gedenke. Waren die Bewilligungen auch nicht in der Höhe erfolgt, wie Maximilian ursprünglich verlangte, so waren sie immerhin so bedeutend, dass sich schon einiges damit ausrichten lassen konnte. Auch die Verhandlungen mit der Schweiz schienen ein befriedigendes Ende nehmen zu wollen, schon hatten neun Kantone sich verpflichtet dem König gegen Sold 6000 Mann zum Romzug zu stellen, als es den französischen Agenten durch reiche Geldspenden gelang, die breite Masse des schweizer Volks auf Frankreichs Seite zu bringen,[2]) so dass die neun Orte schliesslich auf einer Tagfahrt zu Zürich am 7. August 1507 zu der Erklärung genötigt wurden, nur zum Romzug, nicht gegen Mailand und den König von Frankreich zu ziehen.[3]) In Wirklichkeit traten die Schweizer gar nicht unter die Waffen, sondern beobachteten während des ganzen Feldzugs eine bequeme Neutralität.

Noch ungünstiger sollte sich für Maximilian die italienische Politik gestalten. Julius II. war nicht gemeint, wie man früher wohl angenommen hatte, Maximilian gegen Frankreich herbeizurufen, im Gegenteil sein Streben ging schon jetzt dahin, Ludwig und Maximilian zu versöhnen, um die Macht beider

---

1) Müller, Reichstagsstaat. S. 534 und ff.
2) Opere di N. Machiavelli per cura di L. Passerini e Fanfani. Bd. V. Depesche vom 17. Januar 1507(8) aus Bozen.
3) Ulmann, Maximilian I, Bd. II, S. 325.

gegen das eroberungslustige Venedig ins Feld führen zu können.¹) Bei dem gegenwärtigen Stand der Dinge war das freilich noch eine Unmöglichkeit, denn gerade hatte am 24. Juni 1507 Ludwig mit Ferdinand dem Katholischen in Savona noch ein Bündnis geschlossen zum Zweck gemeinschaftlicher Bekämpfung von Maximilians bevorstehendem Romzug. Die einzige Hoffnung Maximilians war sein fester Glaube an die bereitwillige Unterstützung der grossen italienischen Städterepubliken, vor allem hoffte er auf Venedig und auch auf Florenz und Siena; aber auch hier sollte er nur bittere Erfahrungen machen, wenn er glaubte Venedigs ganz sicher zu sein. Soviel er auch mit dem venezianischen orator Vincenzo Quirini in Konstanz verhandelte, so eifrig er durch seine Gesandtschaften um die Gunst Venedigs sich bemühte, er bekam immer die gleiche Antwort zu hören, man wolle ihn durch das Gebiet ziehen lassen, ja selbst unterstützen, aber nur unter der Bedingung, dass er wie einst sein Vater ohne Heer und mit kleinem Gefolge den Romzug antrete.²) So verging der konstanzer Tag, ohne dass man eigentlich wusste, was Venedig beabsichtigte. Maximilian war geduldig oder vielmehr unentschlossen genug, um die Verhandlungen mit Venedig bis zum Februar 1508 weiterzuführen, wo er dann endlich dem Drängen des Papstes nachgab und mit Frankreich wider Venedig in Unterhandlung trat.

Unterdessen hatte Maximilian auch eine Verständigung mit dem reichen Florenz angebahnt, von welchem er eine gute Summe Geldes zu erlangen hoffte.³) Dass ihm das nicht so leicht gelingen konnte, ist bei der im grossen und ganzen französischen Stimmung der Stadt leicht einzusehen. Wenn Guic-

---

1) Ulmann a. a. O. Bd. II, S. 306 und ff.
2) Noch im Januar 1508 begegnen wir der gleichen Forderung. Opere V, S. 280.
3) Dass man an der Reichsangehörigkeit der oberitalienischen Staaten formell auch damals noch festhielt, zeigt ein Beschluss des Wormser Reichstags von 1495, dass auch die italienischen Stände den gemeinen Pfennig aufbringen sollten. Müller, Reichstagstheater, unter Maximilian I. I, S. 435.

ciardini nicht irrig berichtet ist,[1]) so suchte sich Maximilian der Oppositionspartei von Florenz zu bedienen, indem er von Konstanz einen geheimen Boten schickte, der für ihn in jenen Kreisen Stimmung machen sollte. Und man muss gestehen, der Zeitpunkt war nicht übel gewählt, da dem gonfaloniere Soderini, dem allerdings die mächtige, Frankreich freundliche Popolarenpartei zur Seite stand, ein nicht zu unterschätzender Gegner in den Optimaten erstanden war,[2]) die lebhaft für die Absendung einer Gesandtschaft an den deutschen König eintraten. Dass der Romzug vor allem gegen die Franzosenherrschaft in Italien gerichtet war, war nicht zu verkennen; die Aussicht auf Verdrängung der Franzosen war für die Feinde Soderinis gleichbedeutend mit der Aussicht auf den Sturz des verhassten Gonfaloniere. Doch auch Soderini hatte Interessen an der Absendung eines Gesandten, denn für den Bestand seiner Herrschaft war es wichtig zu erfahren, welche Chancen für Maximilian vorhanden waren. Demnach fassten die Signorie und Soderini den Beschluss, und zwar ohne die Achtzig zu befragen, Machiavelli nach Deutschland zu schicken,[3]) allein die Gegner verstanden es, den Beschluss zu vereiteln und schickten einen der ihren, den Francesco Vettori, der am 27ten Juni 1507 von Florenz abreiste, um über Verona und den Brenner nach Konstanz zum Reichstag zu ziehen.[4]) Bald darauf trafen die ersten Depeschen Vettoris ein, deren Inhalt den baldigen Aufbruch Maximilians nicht mehr zweifelhaft erscheinen liessen. Schon waren die Feinde der französischen Allianz im Begriff eine feierliche Gesandtschaft an den deutschen Hof mit Vollmacht zum Abschluss eines Bündnisses zu senden, als es nach vielem Herüber- und Hinüberreden Soderini noch gelingt, die Absendung hinauszuschieben und schliesslich ganz zu

---

1) Storia fiorentina cap. 30.
2) Ranke, Zur Kritik neuerer Geschichtsschreiber, S. 159.
3) Guicciardini, Storia fiorentina cap. 30: „E fu eletto per opera del Gonfaloniere, che vi voleva uno di chi ei si potesse fidare, il Machiavelli."
4) Tommasini, a. a. O. S. 396.

verhindern.[1]) Inzwischen hatte Vettori seine Unterhandlungen mit Maximilian inbetreff des Geldzuschusses eröffnet; doch Soderini und seine Leute, ermutigt durch die letzten Erfolge, verstanden es meisterhaft auch hier den Forderungen der Diplomaten entgegenzutreten. Wenn man es auch nicht wagte, die Geldunterstützung ganz zu verweigern, soviel erreichte man doch, dass die Summe beschränkt und die Verhandlungen in die Länge gezogen wurden. Brieflich konnte und wollte man den neuen Beschluss Vettori nicht gut mitteilen, eine Gelegenheit, die sich Soderini nicht entgehen liess, um Vettori, dem er nicht recht traute einen Mann zur Seite zu stellen, der geeignet war, die Handlungen Vettoris zu überwachen.[2]) Die Wahl fiel auf Machiavelli, den ein zeitgenössischer Chronist, Cerretani, sich nicht scheut den „mannerino del Gonfaloniere" zu nennen.[3]) Indes Soderinis Verdacht war ungerechtfertigt; Vettori vertrat die Interessen seiner Vaterstadt in angemessener Weise und Machiavelli, der zum Aufpasser abgeschickt wurde, kehrte nach Florenz als Vettoris Freund zurück.[4]) Die Verhandlungen mit dem deutschen Hof verliefen für Florenz äusserst günstig; nach vielem Feilschen konnten die Gesandten bei der für den Kaiser so ungünstig sich entwickelnden Lage der Dinge heimkehren, ohne etwas bewilligt zu haben.

Aus dieser Sendung Machiavellis an den deutschen Hof gehen eine Reihe Depeschen hervor, welche wieder ihrerseits die Grundlage für die zusammenfassenden Schriften über Deutschland bilden. Sechzehn Depeschen sind erhalten. Doch es steht fest, dass einige Stücke der Korrespondenz verloren wurden, denn so wie die Depeschen vorliegen, zeigt sich manche Lücke in der fortlaufenden Darstellung, eine Annahme, die dadurch bestätigt ist, dass sich Machiavelli öfters auf Depeschen beruft, die nicht mehr vorhanden sind.[5]) Die Depeschen reichen vom

---

1) Nitti, a. a. O. I, S. 358.
2) Guicciardini, a. a. O. cap. 30.
3) Nitti, a. a. O. I, S. 359.
4) Tommasini, a. a. O. S. 400.
5) So ist gleich die erste Depesche verloren. cf. Opere V, S. 253 Anm. 1.

25. Dezember 1507 bis 14. Juni 1508; aus ihrer Datierung ersehen wir die Orte, die Machiavelli besucht. Am 25. Dezember 1507 war er in Genf, von wo er seinen Weg über Schaffhausen, Konstanz, Memmingen, Innsbruck nach Bozen nahm, wo er am 11. Januar anlangte und Vettori antraf;[1]) am 8. Februar finden wir ihn in Trient, am 14ten wieder in Bozen, am 19ten in Meran, am 22. März in Innsbruck, am 28ten in Bozen, am 16. April nochmals in Trient, am 14. Juni ist er schon in Bologna auf dem Heimweg begriffen; im Ganzen war er nur 183 Tage von Florenz weg.[2]) Die Depeschen sind teils von Vettori, teils von Machiavelli verfasst, letzteres wohl in der Regel, manchmal ist der Anfang derselben Depesche von Vettori, das Ende von Machiavelli geschrieben,[3]) aber regelmässig von Vettori unterzeichnet.

Von den drei infolge dieser Gesandtschaft entstandenen Schriften ist ihr zeitlich am nächsten stehend der Rapporto delle cose della Magna,[4]) denn er ist unmittelbar nach Machiavellis Ankunft in Florenz der Signorie eingereicht, ist also wohl noch auf der Reise geschrieben; die natürliche Folge davon ist, dass er für sich den grösseren historischen Wert vor den anderen Schriften beanspruchen kann.

Der Discorso sopra le cose della Magna e sopra l'Imperatore, im Jahr 1509 geschrieben,[5]) ist unbedeutend, er umfasst nur zwei Seiten und ist lediglich zur Orientierung für Gesandte bestimmt, die an den kaiserlichen Hof abgeschickt wurden.

Schliesslich sind noch die Ritratti delle cose della Magna zu nennen,[6]) deren Abfassungszeit ans Ende des Jahres 1512

---

1) Opere V, S. 258.
2) Am 17. Dezember 1507 war er abgereist und reichte am 17ten Juni 1508 seinen Rapporto ein.
3) So Opere V, S. 298. Die Instruktionen der Dieci sind übrigens immer an Vettori gerichtet, der eben als ambasciatore beglaubigt war, während Machiavelli nur als mandatario.
4) Opere V, S. 313.
5) Opere V, S. 323, er erwähnt, dass der Rapporto vor einem Jahr geschrieben.
6) Opere V, S 324.

oder Anfang 1513 zu setzen ist, denn es ist hier die Schlacht von Ravenna erwähnt (11. April 1512) und die guerra mossa ultimamente dal re di Spagna a quel di Francia in Guienna.[1)]
Während die Legation uns im wesentlichen über die Verhandlnngen am kaiserlichen Hof und über den Venezianerkrieg unterrichtet, finden wir im Rapporto nach einer kurzen Einleitung, die den Verlauf des Konstanzer Tages und des Romzuges behandelt, eine einheitliche Darstellung der Eindrücke, die Machiavelli während seines Aufenthaltes in Deutschland über dessen Zustand im allgemeinen empfangen hat. Das Hauptgewicht ist im Rapporto und mehr noch in den Ritratti auf die Schilderung der deutschen Sitten und Gebräuche gelegt; es ist das ein charakteristischer Unterschied von der Relation Quirinis und den venezianischen Relationen überhaupt, denen, wie schon angedeutet, jedes Eingehen auf genauere Schilderung des Volkslebens abgeht. Deshalb erscheinen diese Schriften Machiavellis so viel frischer und anschaulicher; ob sie aber vor der historischen Kritik mit dem gleichen Erfolg, wie die venezianischen Relationen bestehen können, bleibt freilich eine andere Frage. Abgesehen vom ersten Buch der Storie fiorentine, in dem Machiavelli gezwungen ist wenigstens mit einigen Worten vom mittelalterlichen Deutschland zu reden,[2)] kommt er noch besonders im Prinzipe und in den Discorsi öfter auf ihm besonders wichtig erscheinende deutsche Gebräuche zurück, um sie als Belege für seine historisch-politischen Entwicklungen anzuführen.

Das wenige, was Machiavelli seiner Regierung über den Konstanzer Reichstag von 1507 zu berichten weiss, ist so ziem-

---

1) Tommasini a. a. O., S. 423 Anm. 1.
2) Eine genügende Anschauung von Machiavellis Urteil über das mittelalterliche Deutschland lässt sich hieraus nicht gewinnen; kaum streift er die Erneuerung der römischen Imperatorenwürde durch Karl den Grossen, die Herrschaft der Ottonen in Italien, die Kämpfe Friedrichs I. mit der lombardischen Städteliga.

lich Alles, wenn nicht unrichtig, so doch mindestens ungenau wiedergegeben. Aber er selbst war zur Zeit des Reichstags noch in Florenz und es ist gut zu verstehen, dass man dem florentinischen Gesandten absichtlich zu hohe Angaben über die Anzahl der bewilligten Truppen und über den Geldzuschuss des Reiches zukommen liess. 16000 Mann zu Fuss und 3000 Reiter, welche Machiavelli als bewilligt angiebt,[1]) hatte Maximilian niemals erhalten;[2]) 12000 Mann zu Fuss und 3000 Reiter forderte er vom Reich, scheine den Ständen dieses Ansuchen zu hoch, so sei er auch bereit sich mit 9000 Mann zu Fuss und 3000 Reiter auf ein Jahr zu begnügen. In Abschlag dieser 9000 Mann zu Fuss möchten die Stände den Sold für 6000 Schweizer stellen, den man auf 120000 Gulden ansetzte.[3]) Diese Forderungen wurden auch von den Ständen angenommen, aber nur auf die Dauer von sechs Monaten, doch wolle man, wie es der König wünsche, „das geschray der hilff ain jar lang unterhalten und uff XXX^m stark usschellen lassen". Offenbar hat auch dieses „Geschrei" nicht verfehlt auf Machiavelli seinen dem König erwünschten Einfluss geltend zu machen, sonst könnte er kaum weiter berichten, wie der Erzbischof von Mainz beantragt habe, das Reich solle Maximilian zu einer energischen Kriegführung 40000 Mann unter vier Reichsfeldherren bewilligen, was der König dann mit den Worten zurückgewiesen hätte: „ego possum ferre labores, volo etiam honores". Kurmainz war zwar nach dem Tod Bertholds von Henneberg gut maximilianisch gesinnt und damit wäre der Antrag auf Bewilligung von 40000 Mann schon in Einklang zu bringen, aber

---

1) Rapporto, opere V, S. 313.
2) Ursprünglich forderte Maximilian 30000 Mann; die Bewilligungen des Reichstags werden von Machiavelli und Guiccardini wohl deshalb so verschieden aufgeführt, weil die Stände sich mit Maximilians Vorschlag, „das Geschrei der Hilfe auf 30000 Mann auf ein Jahr ausschellen zu lassen" einverstanden erklärten, „weshalb im Reichsabschied keine gewisse Zahl der Reichshilfe benannt, sondern nur in genere aufgeführt wurde." Müller, Reichstagsstaat S. 617.
3) Müller, a. a. O. S. 617 u. ff. und Janssen, Frankfurts Reichskorrespondenz II, 2 Nr. 194, 2 Nr. 918 und 920.

nicht die Forderung des Mainzers, die Armee unter vier Reichsfeldherren zu stellen.[1]) Im Gegenteil, die Wahl der Hauptleute hatte man Maximilian vollkommen überlassen, obwohl es sein ausdrücklicher Wunsch war,[2]) dass die Organisation der Truppen und die Wahl der Heerführer durch die Stände erfolgen solle, wobei es natürlich dahingestellt bleibt, ob der Wunsch so ernst gemeint war. Nachdem der St. Gallustag (16. Oktober) als Termin für die Truppenversammlung angesetzt war, ging der Reichstag auseinander.

Maximilian sah der Zukunft vertrauensvoll entgegen in der Hoffnung, dass er bis zum St. Gallustag die Schweizer, ebenso die Venezianer gewonnen habe, dazu noch eine gute Summe Geldes von den anderen italienischen Staaten und vom Papst.[3]) Die Ursache also, weshalb der König so geringe Streitkräfte gefordert, war der feste Glaube an die Unterstützung Italiens und namentlich Venedigs, das er vor kurzem erst mit 2000 Mann unterstützt hatte, als Frankreich Genua erobert und Venedig sich dadurch gefährdet sah. Damals noch habe der König oft gesagt, dass er „in Italia non habebat amicos praeter Venetos".[4]) So kam der St. Gallustag, die Reichstruppen trafen wenigstens teilweise ein, doch Maximilian hatte durch seine Unterhandlungen mit Italien noch keine Vorteile erreicht. Je mehr er den Venezianern nachlief, desto weniger waren sie geneigt, ihn zu unterstützen, denn „sie sahen diesmal keines von den Dingen dabei, weshalb Staaten Bündnisse schliessen, welche sind der Wunsch verteidigt zu werden, die Furcht vor einem Angriff oder Gewinn". Der Verhandlungen müde, ent-

---

1) Bei Müller und Janssen findet sich nichts von diesem Projekt.
2) Müller, a. a. O. S. 621 und Janssen No. 920 F und No. 922.
3) In Folgendem kann es natürlich nicht meine Aufgabe sein, an der Hand unserer Depeschen eingehend den Venezianerkrieg zu behandeln, — dazu würden die Depeschen, so zuverlässig sie uns im allgemeinen unterrichten, nicht ausreichen — es wird vielmehr darauf ankommen, einen kurzen Auszug der Depeschen zu geben, um einen Ausgangspunkt für die von Machiavelli im Anschluss an den Verlauf des Feldzugs geknüpften allgemeinen Betrachtungen über Deutschland zu gewinnen.
4) Rapporto.

schliesst sich nun Maximilian zum Vormarsch. Da aber seine Truppen noch zu schwach sind — am 8. Februar 1508 waren von der Reichshilfe an Mannschaft zu Ross und zu Fuss noch nicht 1000 eingetroffen, an Geld waren anstatt der 120000 Gulden nur 30—40000 aufgebracht[1]) — ruft er den tiroler Landtag zusammen, der ihm auch sofort 1000 Mann, im Notfall bis zu 5000, zur Verteidigung des eigenen Landes sogar eine Unterstützung bis zu 16000 Mann in Aussicht stellt.

Doch Maximilian konnte sich immer noch nicht zum vollständigen Bruch mit Venedig verstehen, ja er versuchte auch jetzt noch, wo schon die Hälfte der bewilligten Feldzugszeit um war, durch eine geheime Botschaft des ihm vertrauten Generals der humiliati, Landriano, die Venezianer auf seine Seite zu bringen.[2]) Doch alle seine Bemühungen waren vergeblich, Landriano kam am 28. Januar zurück ohne bestimmte Zusagen zu bringen, Venedig antwortete nur mit der Befestigung seiner Grenzmarken; von diesem Augenblick an sehen wir, wie Maximilian endlich den Aufforderungen des Kardinallegaten von Santa Croce, sich mit dem französischen Hof zu verständigen, Gehör schenkt. Vom Februar 1508 an beginnen die geheimen Verhandlungen mit Frankreich zum Zweck eines Bündnisses gegen Venedig, aus denen später der Vertrag von Cambray hervorgehen sollte.[3]) Zugleich wird der Feldzug thatsächlich eröffnet. Schon vorher hatte man drei Armeen aufgestellt, die getrennt marschieren sollten, um dann vereint zu schlagen. Die erste Armee wurde in Friaul zusammengezogen, die zweite sammelte sich in der Gegend von Trient, die dritte sollte durch Burgund und Savoyen ziehen, damit die Freigrafschaft gegen

---

1) Ulmann, a. a. O. II. S. 332. Machiavelli giebt die 120000 Gulden im Besitz Maximilians an. Opere V, Depesche vom 1. Februar 1507(8) aus Bozen.

2) Opere V, Depesche vom 24. Januar 1507(8) aus Bozen. Man weiss nicht, sagt Machiavelli, hat ihn der König geschickt oder haben ihn die Venezianer verlangt oder hat er sich dazu erboten, um sich den Venezianern gefällig zu machen, in deren Gebiet dieser Mönch seine Einkünfte hat.

3) Opere V, Depesche vom 22. März 1507(8) aus Innsbruck.

französische Angriffe gedeckt sei.¹) Allein man blieb nicht beim ersten Feldzugsplan, der auf eine bedeutend stärkere Truppenzahl gegründet war, als die wirklich vorhandene, und berief schon Januar 1508, wo man schon das eventuelle Bündnis mit Frankreich ins Auge fasste, die burgundischen Truppen nach Trient; aber das geschah doch zu spät, denn die Venezianer hatten inzwischen hinreichend Zeit gefunden, ihre Truppen in günstige Positionen zu werfen, sie standen rings um Roveredo in trefflich gewählter Stellung.²) Auf deutscher Seite hatte man viel zu lang auf die noch immer langsam und nicht vollzählig anziehenden Kontingente der Reichsstände gewartet, als dass sich der zuerst geplante Überfall noch hätte bewerkstelligen lassen.

Die Aussicht, sich in Italien durch einen kühnen Handstreich Eintritt zu verschaffen, war jetzt geschwunden und damit schien die Kaiserkrönung auf ein gutes Stück hinausgerückt. Da erinnerte man sich wieder des päpstlichen Vorschlags, den schon im Sommer 1507 der Kardinal von Santa Croce zur Sprache gebracht, ob es unter den gegenwärtigen Umständen nicht geratener sei die Kaiserkrönung in Deutschland vorzunehmen.³) Indessen bald darauf gab man den Gedanken einer thatsächlichen Krönung ganz auf und Maximilian vollzog den für die Folgezeit für die Entwicklung der deutschen Geschichte so wichtigen Akt der Annahme des Titels eines „erwählten römischen Kaisers". Maximilian war gerade in Trient, wohin er auf den 4. Februar die Hauptleute der Truppen zusammenrief; am Nachmittag ging man in feierlicher Prozession unter Vorantragung von Reliquien mit grossem Gepränge zur Kirche, wo Matthäus Lang, der Kanzler, eine Rede hielt, welche dem Volk die Annahme der neuen Würde verkündigte. Es ist merkwürdig, dass Machiavelli in der betreffenden Depesche diesen Vorgang mit keinem Wort erwähnt, obwohl er von der feier-

---

1) Opere V, Depesche vom 17. Januar 1507(8) aus Bozen.
2) Opere V, Depesche vom 24. Januar 1507(8) aus Bozen.
3) Ulmann, a. a. O. II. S. 338.

lichen Prozession spricht, die mit jenem Akt so eng verbunden war; in der ganzen Feierlichkeit sieht er nur die offizielle Ankündigung des Krieges, eine Annahme, die ihm gewiss dadurch an Wahrscheinlichkeit gewann, dass gerade am Abend des 4. Februar der Vormarsch ins venezianische Gebiet angetreten wurde.[1]) Der Markgraf von Brandenburg an der Spitze von etwa 500 Pferden und 2000 Mann Fussvolks zog gegen Roveredo, der Kaiser mit ungefähr 1500 Pferden und 4000 Mann Fussvolks gegen Vicenza, und die Truppen in Friaul hatten Befehl erhalten am gleichen Tag sich in Bewegung zu setzen, um sich mit Maximilian zu vereinigen. Freilich sah sich der Brandenburger bald gezwungen den Vormarsch einzustellen, denn Roveredo fand er gut besetzt vor; Maximilian jedoch hatte auf dem Berge Siago festen Fuss gefasst, der ihm als guter Stützpunkt für die Belagerung Vicenzas dienen konnte, jedenfalls hatte er soviel erreicht, dass ihm die Bewohner der dort angesiedelten sette communi[2]) huldigen mussten, dass er auf ihren Bergen eine gut verschanzte Stellung beziehen konnte.

Um sich aber auf die Dauer zu halten, waren die deutschen Truppen doch viel zu schwach. Plötzlich, schon den 7. Februar begegnen wir dem Kaiser auf dem Rückmarsch nach Bozen; weshalb schon jetzt bleibt für Machiavelli eine offene Frage, da die Venezianer noch nichts gegen ihn unternommen hatten. Unsere Gesandten, die natürlich vieles für sich aus dieser Rückwärtsbewegung entnehmen konnten, berichten ihrer Signorie darüber, dass die hohen Reichsbeamten dieses Manöver für den Kaiser günstig darstellen, dass einige andere, die aber nicht zu jenen gehören, sagen, es geschehe das zu dem Zweck, dem Reich zu zeigen, wieviel die von den Ständen eingetroffenen Truppen zu schwach seien und wie das Reich seiner Ehre wegen weitere Verstärkung schicken werde, noch andere seien der Ansicht, es möchte noch viel Mühe kosten,

---

1) Opere V, Depesche vom 8. Februar 1507(8) aus Trient.
2) Von dem deutschen Charakter der sette communi erwähnt Machiavelli nichts.

bis es dem Kaiser gelinge; wenn der Papst kein Geld schicke, sei Maximilian gezwungen sich mit Frankreich oder Venedig ins Benehmen zu setzen.[1])

Inzwischen schien sich die Sache des Kaisers doch wieder günstiger zu gestalten, denn Ende Februar sehen wir ihn im Besitz einiger venezianischen Schlösser, bald des ganzen Kadorethals, von dem nun die Truppen ins Trevisanische vorrücken sollen. Doch die Reichshilfe war schon bald abgelaufen, alles war jetzt davon abhängig, ob der Kaiser das Reich zur Verlängerung der Hilfe bewegen, ob er selbst aus seinen Landen noch weitere Verstärkungen an sich ziehen konnte, zumal da die Schweiz, wenn auch nicht offiziell, so doch thatsächlich sich gegen das Reich zu Gunsten Frankreichs erklärt hatte. Maximilian entschliesst sich nun zum äussersten, er verlässt plötzlich sein Heer und geht nach Innsbruck um Geld aufzunehmen, nachdem er den Herzog Erich von Braunschweig als Oberbefehlshaber zurückgelassen.[2]) Aber mit der Abreise des Kaisers hatte das Kriegsglück das deutsche Heer verlassen. Schon den 2. März sollte es sich zeigen, wem der dauernde Sieg beschieden war. Die Deutschen etwa noch 1300 Mann stark mussten ihre günstige Stellung aufgeben, um sich nicht der Gefahr auszusetzen vollständig von den Venezianern eingeschlossen zu werden, da von Friaul ein zweites venezianisches Heer im Anzug war, das die Deutschen vom Rücken angreifen sollte, während der venezianische Feldhauptmann Alviano mit seinen Truppen den Weg nach Süden versperrt hielt. Bevor die Nordarmee eingetroffen, suchten sich die Deutschen natürlich nach Süden durchzuschlagen, so dass Alviano gezwungen war, es allein mit den vordrängenden Deutschen aufzunehmen; was auch die Ursache des unglücklichen Ausgangs gewesen sein mag, schlechte Führung des deutschen Heeres oder Verrat venezianischer Bauern,[3]) Alviano glückte es die Deutschen zu

---

1) Opere V, Depesche vom 14. Februar 1507(8) aus Bozen.
2) Opere V, Depesche vom 7. März 1507(8) aus Meran.
3) Opere V, Depesche vom 22. März 1507(8) aus Innsbruck.

zersprengen, worauf die vereinzelten Flüchtlinge dem Ansturm der Stradioten nicht mehr Stand halten konnten. Genug, alle bis auf 300, welche sich ergaben, fanden tapfer kämpfend den Tod. Allein die Venezianer beuteten ihren Sieg nicht weiter aus, sie begnügten sich damals das wiedergewonnene Kadorethal neu in Besitz zu nehmen; dagegen führten sie von jetzt an den Krieg in Friaul um so energischer, wohin Alviano mit den besten Truppen geeilt war. Schon Anfang April ist er im Besitz von Pordenone und Görz und Anfang Mai musste auch das lang belagerte Triest San Marco die Thore öffnen.[1]) Hier an den österreichischen Grenzmarken in Kärnthen, Istrien und Krain waren die Stände nicht so opferwillig wie im getreuen Tirol, sie zeigten sich wenig patriotisch gesinnt und die Bauern hatten keine Lust am wenigsten gegen Venedig ihre Haut zu Markte zu tragen. Auch an der Etsch gerieten die deutschen Unternehmungen ins Stocken, da die graubündener Soldtruppen meuterten wegen des rückständigen Soldes und die deutschen Truppenteile mit wenigen Ausnahmen nach Verlauf ihrer sechsmonatlichen Dienstzeit wieder heimgezogen waren, so dass die Belagerung von dem venezianischen Kastell Riva am Gardasee mit wenig Ehren aufgehoben werden musste.[2]) Auch das Schloss Stein, bis dahin von den Deutschen mit Erfolg verteidigt, wird den Venezianern preisgegeben.

Unterdessen war Maximilian seit Ende März in Ulm thätig, wohin er eine Versammlung des schwäbischen Bundes berufen, um ihn für die Rettung des zum Bunde gehörigen Tirol zu gewinnen, um dann mittels der gehofften Unterstützung die Franzosen und die Schweizer endlich aus ihrer zuwartenden Stellung durch offene Truppengewalt zu einer Erklärung ihrer zukünftigen Haltung zwingen zu können. Mit diesen Gründen wenigstens suchte der Kaiser den Landtag seinen Interessen dienstbar zu machen und die fremden Gesandten zu täuschen, obwohl sie durch den Kardinallegat von Santa Croce schon

---

1) Opere V, Depesche vom 30. Mai 1508 aus Trient.
2) Opere V, Depesche vom 16. April 1508 aus Trient.

erfahren hatten, dass die schweizer Reisläufer durch ihre Obrigkeit von den Franzosen unter Androhung schwerer Strafen abberufen wurden.[1]) Doch der schwäbische Bund war bei der aussichtslosen Lage der Dinge nicht mehr gemeint, den Forderungen des Kaisers nachzukommen, vielmehr wies er alle Ansprüche energisch zurück. Kein Wunder, wenn sich Maximilian jetzt wieder des italienischen Gesandten erinnerte, wenn er jetzt ihre Anwesenheit am Hof lebhafter als je wünschte. Vettori war nicht in der Lage zu reisen[2]) — er hatte sich einen Schaden am Arm zugezogen — aber er wollte für den Fall der Kardinallegat hingebe, Machiavelli mitschicken. Doch die Reise wurde unnötig durch die Ankunft Lichtensteins, der vom Kaiser zum Abschluss der Verhandlungen mit den florentinischen Gesandten beauftragt war. Das Ultimatum, mit welchem Machiavelli einst von Florenz abgeschickt war, hatte die Gesandten ermächtigt, für den Notfall bis zu 50000 Dukaten zu bewilligen und das war Maximilian bekannt; nichtsdestoweniger liess er jetzt 60000 Dukaten fordern, wovon die erste Rate von 20000 Dukaten sofort, die zweite und dritte je nach zwei weiteren Monaten und erst bei seiner Ankunft in Italien zahlbar seien. Dem gegenüber wussten die Gesandten und auch mit Recht darauf hinzuweisen, dass die Summe doch zu bedeutend, die Ziele zu eng und gleich die erste Zahlung nullo habito respectu loci sei, um ohne weiteres darauf eingehen zu können.[3]) Auf die Weise wurde die Lage der Gesandten recht peinlich, besonders wenn man betrachtet, wie sie von ihrer Signorie immer den gleichen Bescheid erhielten, die Verhandlungen mit dem kaiserlichen Hof in die Länge zu ziehen, ohne etwas zu bieten. Der offene Bruch schien ihnen unvermeidlich, wenn sie in einer Depesche vom 20. Mai 1508 aus Trient klagen: „Eure Hoheit haben den Faden so fein gesponnen, dass es fast unmöglich ist, damit zu weben."

---

1) Opere V, Depesche vom 22. März 1507(8) aus Innsbruck.
2) Ebenda.
3) Opere V, Depesche vom 28. März 1507(8) aus Bozen.

So war Maximilian allein auf sich und seine Erblande angewiesen, die aber augenblicklich so gut wie er selbst für weitere finanziellen Opfer nicht mehr fähig waren; dazu kam noch, dass sich sein alter Feind, der Herzog Karl von Geldern, wieder regte, der mit französischer Unterstützung die Niederlande in eine gefährliche Aufregung zu bringen wusste. Ohne sich in Mainz, wohin er die Kurfürsten zu weiteren Beratungen den Venezianerkrieg betreffend, geladen, zu zeigen, eilt Maximilian Hals über Kopf an den Niederrhein, um dort seine Sache zu verfechten. Zum Glück nahmen jetzt die Waffenstillstandsunterhandlungen mit Venedig, die schon seit Ende März durch die Sendung des getreuen Lucas de Renaldis angebahnt waren, einen rascheren Verlauf, denn seit Ende Mai in St. Maria di Gratia zwischen Arco und Riva von den Venezianern Contarini, vom Kaiser aus Serntein, die Verhandlungen offiziell aufgenommen hatten, war man über Erwarten schnell zum Abschluss gekommen, der schon den 6. Juni auf grund des augenblicklichen Besitzstandes auf drei Jahre abgeschlossen wurde.[1]) Dies alles spielte sich so rasch ab, dass noch in den ersten Tagen des Juni unsere Gesandten berichten konnten, der Stillstand werde nur auf 3—4 Monate ausgedehnt, „während dessen man solche Rüstungen (in Deutschland) betreiben werde, dass ganz Italien erzittern müsse; werde der Waffenstillstand nicht abgeschlossen, so werde der Kaiser mit ganz Deutschland hereinbrechen". Damit sollte es noch gute Ruhe haben. Was Maximilian in Friaul, in Görz und Istrien an die Venezianer verloren hatte, sollte erst durch die Liga von Cambray und auch nur teilweise wieder unter seine Herrschaft kommen. Nur die Grafschaft Tirol hatte die Ehre der kaiserlichen Waffen gerettet, ihr hatte es der Kaiser zu verdanken, dass nicht auch Trient in des Feindes Hand fiel. „Denn am Kaiser war es nicht gelegen, ebensowenig an den Reichstruppen, dass es nicht auch verloren ging, weil alle im kritischen Augenblick des

---

1) Opere V, Depesche vom 7. Juni 1508 aus Trient. Vgl. Ulmann, a. a. O. II. S. 357.

Feldzuges abzogen, sowie das Ende ihrer sechs Monate Dienstzeit gekommen war."[1])

Das war das Ende von Maximilians rätselhaftem Romzug, der voll von schwer zu lösenden Problemen für die Zeitgenossen ebenso merkwürdig mitanzusehen war, wie er für uns schwer verständlich ist, der aber auch für die Charakteristik Maximilians so bezeichnend wie keine andere seiner Unternehmungen und der in seinem Verlauf die Persönlichkeit des Kaisers unverkennbar abspiegelt.

Unter dem frischen Eindruck dieses Krieges entstand Machiavellis Rapporto und später die Ritratti, welche beide die Frage zu lösen suchen, wie sich das Ende des Romzuges erklären lasse bei der grossen Macht, die das deutsche Reich doch ohne Zweifel besitze. Zu ihrer Beantwortung unterzieht Machiavelli die einzelnen Elemente der deutschen Verfassung seiner Betrachtung; in erster Linie bespricht er die Machtmittel, welche dem Kaiser zu Gebote stehen, um an ihnen die Fehler und Vorzüge des Kaisers zu messen. Die Staaten Maximilians (also die Erblande) tragen ihm jährlich 600000 Gulden, die Kaiserwürde 100000 Gulden ein,[2]) ohne Auflage einer besonderen Steuer, eine Summe, die um so grösser erscheine, als er davon so gut wie nichts zu verausgaben habe, denn er halte kein stehendes Heer, er bezahle keine Festungsbesatzungen, er habe keine Landvögte (ufficiali delle terre) zu besolden, weil die Edelleute des Landes stets des kaiserlichen Winkes gewärtig seien, weil die Festungen das betreffende Land bewache und die Städte ihren eigenen Bürgermeister haben. Durch ausserordentliche Steuern könne der Kaiser die Einkünfte bedeutend vermehren. Gerade für die Zeit Maximilians zu genauen Resultaten in Bezug auf Steuereinnahmen zu gelangen, ist schwierig, indessen ist es Adler[3]) gelungen, das Dunkel, das über diesen

---

1) Rapporto.
2) Rapporto.
3) Adler, Die Organisation der Centralverwaltung unter Kaiser Maximilian I. 1886.

Dingen schwebte, wenigstens einigermassen aufzuhellen. Dabei zeigt es sich, dass die betreffenden Angaben Machiavellis und auch die Quirinis, die man bis dahin als einzige Quellen hierfür anzuführen gewohnt war, so ziemlich das Richtige getroffen haben. Beide Italiener berücksichtigen aber nur die Einkünfte des Kaisers aus seinen Erblanden, nur seine Regalien, und wissen nichts von den neuen Reichssteuern zu berichten, die freilich keine dauernden Einnahmen waren, aber doch zunächst nur zu Kriegszwecken verwendet wurden. Insofern als der Kaiser jedesmal infolge der schlechten Unterstützung der Reichsstände seine Kriege im wesentlichen mit eigenen Mitteln zu führen gezwungen war, ist es wohl verständlich, dass unsere Italiener nur die Einnahmen aus den Erblanden inbetracht ziehen. Quirini, der in dieser Beziehung schon durch seine freundschaftlichen Beziehungen zu Fugger von uns als kompetent anzusehen ist, berichtet in seiner Relation, dass Maximilian aus den Erblanden ausserordentliche Bewilligungen der Landstände nicht mitgerechnet 250—300 000 Gulden beziehe, dass er ausserdem aus dem Ertrag seiner Kupfer- und Silbergruben sowie aus den Salzbergwerken jährlich 300—400 000 Gulden gewinne;[1]) addieren wir beide Summen, so stimmt das Ergebnis mit dem Machiavellis; auch die regelmässigen Gefälle aus dem Reich schätzen beide annähernd in gleicher Höhe.[2]) Diese Resultate sind nun durch die Untersuchungen Adlers als gesichert zu betrachten, der auf Grund der Buchhaltung des kaiserlichen Schatzamtes zu Innsbruck nachgewiesen,[3]) dass für das Jahr 1516 den Einnahmen des Kaisers in der Höhe von 486 327 Gulden Ausgaben im Betrag von 437 507 Gulden gegenüberstanden. Bedenkt man, wie durch die fortgesetzten Verpfändungen von Kammergütern und Regalien die Einnahmequellen Maximilians von Jahr zu Jahr abnahmen, so mögen die Angaben Quirinis und Machiavellis für die Zeit des Venezianerkrieges von 1508 damit wohl zu vereinbaren sein.

---

1) Quirini, Relazione S. 12 und 28 bei Albèri, Serie I, Vol. VI.
2) Quirini S. 9 giebt 50—100 000, Machiavelli 100 000 Gulden an.
3) Adler, a. a. O. S. 428.

Wenn Machiavelli fortfährt, diesen hohen Einnahmen gegenüber habe der Kaiser so gut wie keine Ausgaben, er besolde kein stehendes Heer wie der König von Frankreich, so braucht man nur an die das Land durchziehenden Landsknechtsrotten zu erinnern, denen der Kaiser als Entgelt für rückständigen Sold, die Erlaubnis zum Requirieren gegeben, aber eben deshalb von den gebrandschatzten Städten zu Zahlungen herangezogen wurde.[1])

Doch abgesehen von den reichen materiellen Unterstützungen entgeht unserem Florentiner nicht ein zweites für die Beurteilung der Macht Maximilians massgebendes Moment, nämlich die glückliche Familienpolitik des Hauses Habsburg. In Anbetracht der Verwandtschaft des Kaisers mit dem englischen König und ferner des Umstandes, dass Spanien und das burgundische Erbe seinem Hause gehören, könne ihm keine Macht widerstehen, müssten ihm alle seine Pläne auf Italien gelingen. Nur zwei Dinge seien es, welche das Gelingen seiner Absichten vereitelten, entweder müsse er seine Natur ändern oder Deutschland müsse ihm ernstlich beistehen. Jedenfalls denkt Machiavelli, wenn er von der Verwandtschaft mit dem englischen König spricht, nicht an die Verschwägerung Heinreichs VII. mit dem arragonischen Hause, gewiss nur an das neue Heiratsprojekt, von dem er gerade auf seiner Gesandtschaft Näheres zu hören Gelegenheit hatte.[2]) Indessen, was er in den Depeschen als erst unter gewissen Umständen eintretend

---

1) Barthold, Gesch. d. Kriegsverfassung und des Kriegswesens der Deutschen II. S. 188 und Mone, Zeitschrift f. d. Gesch. des Oberrheins XVII. S. 315. Freiburg klagte beim Kaiser über „die wälsche gard", die in der Stadt lag, er solle die Verpflegungskosten zahlen. 1514 waren noch gegen 2500 Gulden davon nicht bezahlt. Ebenda S. 317: über die gartten Maximilians in Reutlingers überlinger Chronik III, 301: Maximilianus Caesar, cum stipendia militibus, quos dimittebat, persolvere non posset, primus eis potestatem concessit, passim in Germania vagandi et a rusticis alimenta absque ullo mendicitatis probro exigendi, sive a volentibus, sive ab invitis. Genus hoc sycophantiae, quo miseri rustici militum ignaviam fovere et sustentare coguntur gartten vulgo dicunt.

2) Opere V, S. 262 und 281.

berichtet, giebt er im Rapporto als feststehende Thatsache. Es handelte sich um die Verheiratung der Tochter Maximilians, Margarete, der verwitweten Herzogin von Savoyen, der jetzigen Statthalterin der Niederlande, mit Heinrich VII. von England, ein Projekt, das schon im Jahre 1506 in einem Brief Maximilians an Heinrich vom 21. Juli auftaucht,[1]) das hauptsächlich in dem Bruder Margaretens, in dem Erzherzog Philipp einen warmen Fürsprecher gefunden hatte; ebenso war damals schon die Rede von der Verlobung von Heinrichs VII. zweiter Tochter mit Karl (V.), dem Sohne Philipps.[2]) Wie Machiavelli berichtet, konnte sich Heinrich, nachdem man die Verhandlungen darüber 1508 wieder aufgenommen, zu dieser Verlobung nur verstehen, wenn Margarete ihm selbst ihre Hand reichen würde;[3]) allein die Sache verhielt sich gerade umgekehrt. Margarete, die an ihr unglückliches Leben am französischen Hof, an ihre erste und zweite Ehe zurückdachte, weigerte sich entschieden, weil sie nicht zum drittenmal unglücklich werden wollte.[4]) Auch Maximilian schien die Sache nicht mehr ernst zu nehmen, das Ganze schien wenigstens damals nur ein geschickt arrangiertes Finanzmanöver des Kaisers zu sein, der in einem vertraulichen Brief an Margarete vom 23. Juli 1508 als Zweck der neuen Unterhandlungen anführt, dass wir Aliquam magnam summam pecuniae a predicto Rege Angliae pro presentibus nostris necessitatibus et Caroli consequeremur.[5]) An dieser magna summa pecuniae scheiterte dann, wie es scheint, das zarte Projekt.

Das Geld überhaupt oder vielmehr die leichtsinnige Behandlung des Geldes war für Maximilian eine dauernde Quelle von Unannehmlichkeiten. Hören wir, wie Machiavelli sich darüber äussert. Der Kaiser hat trotz der hohen Einkünfte nie

---

1) **Chmel**, Urkunden zur Geschichte Maximilians I. I, No. 193.
2) **Chmel**, a. a. O. Nr. 194.
3) Opere V, S. 298.
4) **Le Glay**, Correspondance de Maximilian I. I, No. 11.
5) **Van den Bergh**, Correspondance de Marguerite d'Autriche avec ses amis I. Nr. 49.

einen Kreuzer und das Schlimmste dabei ist, dass man nicht
sieht, wohin das viele Geld kommt. Käme er nach Italien und
„ändere er sich nicht, so würden die Blätter der Bäume in
ganz Italien in Dukaten verwandelt nicht für ihn ausreichen".[1])
Seine Freigebigkeit verzehre seine Einkünfte und obgleich die
Freigebigkeit bei einem Fürsten eine Tugend sei, „so helfe es
am Ende doch nichts 1000 zu befriedigen, wenn 20000 verlangen."[2]) Aus den vielen Bedürfnissen entstehen die häufigen
Forderungen an die Stände und hieraus die häufigen Reichstage; aber die geringe Achtung, die man ihm entgegenbringt,
hat die geringen Beschlüsse und die noch geringere Ausführung
zur Folge; hat der Kaiser keinen Grund, Geld zu verlangen, so
nimmt er es in Form einer Anleihe. Zum Beweis führt Machiavelli die Thatsache an, dass Paul von Lichtenstein in seiner
Verhandlung mit ihm wegen der Höhe der von Florenz zu
zahlenden Summe an der Stelle der Urkunde, wo es heisst non
possit imperator petere aliam summam pecuniarum u. s. w. vor
das petere „iure" gesetzt haben wollte, weil der Kaiser Florenz
noch um ein Darlehen anzugehen beabsichtige.[3]) Neben der
beständigen Geldnot ist die nachgiebige, veränderliche Natur
Maximilians ein Hauptgrund, dass ihn jeder aus seiner Um-
gebung zu hintergehen sucht. „Jeder Mensch und jede Sache
könne ihn einmal betrügen, bis er es gemerkt, aber es gäbe ja
soviele Menschen und soviele Dinge, sodass es ihn alle Tage
treffen könne, hintergangen zu werden, auch wenn er es jedesmal merkte." Deshalb erscheine der Kaiser geheimnisvoll und
verschlossen, begehre keinen Rat und sei doch wegen seiner
Nachgiebigkeit von jedem beraten.[4]) Als Beleg für des Kaisers
leicht zu bestimmende Natur führt Machiavelli ein Beispiel
aus dem ersten Zug nach Italien vom Jahr 1496 an. Auf die
Aussage eines lukkesischen Bauern hin, dass der Feind bedeutend verstärkt sei, giebt Maximilian den beabsichtigten Sturm

---

1) Rapporto.
2) Opere V, S. 286.
3) Rapporto.
4) Principe cap. 23.

auf Montecarlo auf und zieht sich, ohne sich vorher noch genauer zu erkundigen, in die Lombardei zurück¹) (14. November 1496). Auf die alleruntergeordnetsten Dinge erstrecke sich sein geheimnisvolles Wesen, so schicke er seinen Koch immer nur eine Stunde voraus, damit niemand erfahre, was das Ziel der Reise sei.²) Doch abgesehen von diesen Fehlern ist Maximilian ein ausgezeichneter Fürst zu nennen, dessen grosse Gerechtigkeitsliebe, persönlicher Mut verbunden mit einer unbestreitbaren Tüchtigkeit als Feldherrn ihn geeignet erscheinen lassen, die kaiserliche Würde den Fürsten gegenüber im Ansehen zu erhalten und in ihren Streitigkeiten als Vermittler aufzutreten.³) Diese Auffasung Machiavellis von der Persönlichkeit des Kaisers findet sich auch in späteren Briefen bestätigt: „wir haben einen unbeständigen, veränderlichen Kaiser; ich weiss nicht, was er je gethan hätte und will daher auch nicht erörtern, was er jetzt thun könnte";⁴) „doch sieht man aus der Ferne, dass dies zwei Könige sind (Ludwig XII. von Frankreich und Maximilian), wovon der eine Krieg führen kann und nicht will, der andere ihn führen möchte und nicht kann".⁵) In der Charakteristik Maximilians tritt die feine Beobachtungsgabe unseres Florentiners klar zu Tage und es bleibt wahr, dass von seinen Zeitgenossen kaum etwas treffenderes über das Wesen des Kaisers gesagt ist als sein Wort, das Charakteristik und Kritik in epigrammatischer Kürze vereinigt, das freilich neben

1) Frammenti, istorici opere II, S. 108. Vgl. Ulmann I, S. 515. Schwerlich bewog Maximilian der lukkesische Bauer zum plötzlichen Rückmarsch; der Hauptgrund seines Scheidens aus Italien war vielmehr, dass Ferdinand der Katholische mit Frankreich Waffenstillstand geschlossen hatte, so dass zu befürchten war, dass die freigewordenen französischen Truppen nach Italien gezogen werden könnten. Ausserdem liessen sich in Burgund und Geldern die französischen Umtriebe wieder spüren.
2) Opere V, S. 256.
3) Discorsi II, cap. 19.
4) Brief vom 26. August 1513 an Francesco Vettori und undatierter Brief an denselben.
5) Opere V, S. 453.

dem quod in coelis sol, hoc in terra Caesar est,[1]) recht prosaisch klingt, das aber gerade deshalb für den Historiker um so schwerer in die Wagschale fällt: magis nomen, quam praesidium.[2])

Was die Fürsten betrifft, so teilen sie sich in weltliche und geistliche, von denen die ersten durch die Erbteilungen meist unbedeutend und verarmt den Kaiser „unnütze Freunde und wenig furchtbare Feinde sind".[3]) So gross aber auch die Uneinigkeit der Fürsten untereinander, so wenig sie auch einzeln gegen den Kaiser unternehmen können, so empfindlich wissen sie ihn dadurch zu schädigen, dass sie ihm ihre Hilfsvölker versagen, wer sie nicht zu versagen wagt, schickt im gegebenen Fall keine, wer auch das nicht wagt, verzögert die Absendung der Truppen doch so, dass sie zu spät kommen. Ebensowenig leisten die geistlichen Fürsten dem Kaiser; sie sind zwar nicht durch Erbteilungen geschwächt, leben aber mit ihren Städten in ewigem Unfrieden, selbst wenn sie wollten könnten sie den Kaiser nicht energisch genug unterstützen, aber sie wollen auch nicht, denn gerade die Hilfe der Städte ist es, mit welcher der Kaiser seine Fürsten im Schach zu halten versteht.

Soviel ist sicher, dass Machiavelli der Fürstenmacht in Deutschland zu geringe Beachtung schenkt, dass er nur in den Städten die Stärke des Reichs sieht. Er spricht zwar von der lässigen Unterstützung der Fürsten, wenn es gilt Reichsinteressen nach aussen zu vertreten, ist aber, wie es scheint, gar nicht unterrichtet von den Reichsreformbestrebungen unter Maximilian, die gerade von den Fürsten ausgegangen waren.[4]) Wie gefährliche Feinde der Kaiser in den Fürsten erkannte, beweist ein

---

1) Überschrift über dem Baldachin des Triumphwagens Maximilians, in Dürers grossem Holzschnittwerk Triumphwagen Maximilians.
2) Discorsi II, cap. 11.
3) Rapporto.
4) Ebensowenig ist Machiavelli über das Machtverhältnis der Fürsten unter einander orientiert, so geht aus seinem Bericht nicht das Uebergewicht der Kurfürsten hervor, welche er offenbar nur unter den geistlichen Fürsten sucht, er spricht nur von den arcivescovi elletori.

Wort aus seinem eigenen Munde. Zu der Zeit als die Kurfürsten in feierlicher Zusammenkunft in Gelnhausen (30. Juni 1502) sich verpflichteten, einmütig für ihre Interessen einzutreten, sprach sich Maximilian oft dahin aus, er wollte er wäre nur Herzog von Österreich, dann würde man sich etwas aus ihm machen, als römischer König erfahre er nur Schimpf und Schande.[1]) Allerdings hatte sich das schlimme Verhältnis zwischen Kaiser und Fürsten seither wesentlich gebessert, denn seit des Hennebergers Tod waren die Fürsten nur mit wenigen Ausnahmen gut königlich gesinnt und ebenso waren die Bischöfe meist auf der Seite Maximilians, weil er es trefflich verstand, bei Vakanzen die Stellen durch treue Männer zu besetzen.[2]) Quirini konnte somit ein Gegensatz zu Machiavelli wenigstens mit einigem Recht darauf hinweisen, wie die Fürsten und die Städte alle dem Kaiser sich gefügig zeigten, sei es aus Liebe zu ihm, oder aus Furcht vor seiner Macht.[3]) Freilich steht Machiavellis Schilderung der deutschen Fürsten unter dem Einfluss des Venezianerkriegs, der aufs neue gezeigt hatte, wie wenig sich der Kaiser auf die Fürsten verlassen konnte.

Dagegen konnte Machiavelli auf seinem Gesandtenposten beobachten, wie die Reichsstädte im allgemeinen sich in ihrer Hilfeleistung zuverlässig zeigten,[4]) obwohl die Ziele der Städte ganz andere seien als die des Kaisers, obwohl ihre Reichsangehörigkeit nur noch durch eine jährliche unbedeutende Abgabe charakterisiert sei.[5]) Es ist wahr, die Städte genossen in ihrer inneren Verwaltung eine fast unbeschränkte Selbständigkeit, doch was die Reichssteuern betrifft, so kannte man weder Grenzen in der Höhe des Anschlags, noch in der so häufigen Besteuerung.

---

1) Ranke, Deutsche Geschichte im Zeitalter der Reformation I, 98, so Zaccaria Contarini, ein venezianischer Orator, der Deutschland Ende 1502 verlassen: „Il re a ditto piu volte vorria esser duca d'Austria, perche saria stimato duca, che imperator è vituperato."
2) Vergl. Ulmann II, S. 258.
3) Quirini, relazione, S. 33 u. ff.
4) Depesche vom 24. Januar 1507(8) aus Bozen, vergl. Janssen, a. a. O., Nr. 931.
5) Discorsi II, cap. 19.

Gerade der konstanzer Reichstag, wo man den Städten ein volles Drittel der ganzen Summe aufgelegt hatte, giebt ein sprechendes Beispiel.¹) In diesen freien Reichsstädten sieht Machiavelli „den Nerv Deutschlands",²) doch überschätzt er wohl ihre Macht, wenn er behauptet, sie allein ohne die Fürsten seien stark genug, die Unternehmungen des Kaisers zu stützen. Indessen was die Städte durch ihre Unterstützung an Nutzen erreichten, entspräche nicht ihren Anstrengungen, was sie für sich selbst nicht verlangen, nämlich eine weite Ausdehnung ihrer Macht, das läge ihnen auch wenig an, dass es ein anderer besitze; nach innen wie nach aussen leben sie im Frieden, den unbedeutenden Umfang ihres Gebietes vermögen sie mit eigenen Mitteln zu schützen, und komme es wirklich einmal zu grösseren Aktionen, so wissen sie, in Städtebünde vereinigt, die gemeinsamen Vorteile zu wahren, und die Gewähr ihrer Erfolge verbürge der Umstand, dass sie sich nur in einer Zahl verbinden, die hinreichend ist um der Feinde Herr zu werden.³)

Die Städte sind wohl befestigt, sodass Jeder eine Belagerung für langwierig und schwer hält, denn Vorräte an Lebensmitteln und Brennstoffen berge jede deutsche Stadt für ein ganzes Jahr ausreichend, ebenso bedeutende Massen an Rohstoffen, die im Falle einer Belagerung die von der Hände Arbeit lebende Menge ernähren könne.⁴) Der vorzüglichste Schutz der Reichsstädte aber sei die militärische Tüchtigkeit der Bürger, die durch beständige Waffenübung für soldatische Erziehung Sorge tragen. „Es herrschen dort folgende Gebräuche: alle Einwohner sind in Fähnlein eingeteilt, deren jedes den Namen einer im Kriege gebräuchlichen Waffe führt; da sie sich der Pike, der Hellebarte, des Bogens und des Hakens bedienen, so heisst man sie Pikeniere, Hellebardiere, Bogen- und Hakenschützen. Jeder Einwohner muss sich erklären, zu welchem Fähnlein er eingeschrieben sein will. Da aber wegen des Alters oder aus anderen Gründen

---

1) Müller, Reichstagsstaat, S. 638 u. ff.
2) Rapporto.
3) Discorsi II, cap. 4.
4) Principe, cap. 10.

nicht alle zum Kriegsdienst tauglich sind, so wird aus jedem Fähnlein eine gewisse Anzahl Leute ausgewählt, welche Geschworenen heissen und sich an Feiertagen in jenen Waffen üben müssen. Jedem Fähnlein ist von der Obrigkeit ein bestimmter Übungsplatz zugewiesen; und alle, die zum Fähnlein gehören, die Geschworenen ausgenommen, tragen zu den für die Übungen notwendigen Ausgaben eine gewisse Summe bei."[1])

Obwohl Machiavelli den schwäbischen Bund zum Beweis seiner Behauptung anführt, dass die Stände wohl imstande seien ihren Interessen den gehörigen Nachdruck zu verleihen, so ist es doch hinlänglich bekannt, wie dieser Bund seinen schweizer Gegnern höchstens das Gleichgewicht halten konnte. Damit widerspricht sich Machiavelli selbst, zwar ohne dass er sich bewusst ist. Den schlimmen Ausgang des Dornacher Krieges von 1499, der doch in seinem ersten Ursprung auf die Initiative des schwäbischen Bundes oder vielmehr einiger Bundesglieder und auf den definitiven Übertritt von Konstanz zum schwäbischen Bund zurückzuführen ist,[2]) nicht wie Machiavelli will auf die Eidgenossenschaft, diesen unglücklichen Verlauf erklärt er durch die mangelhafte Unterstützung des Kaisers durch den Bund, mit dem der Kaiser zur Züchtigung der Schweizer einen Vertrag geschlossen habe, während gerade das Gegenteil der Wahrheit entspricht. Maximilian hatte sich erst nach Beginn des Feldzuges an die Spitze der Unternehmung gestellt, und nur deshalb, weil hier der Bund die gleiche Sache führte wie er, der sich immer weiterausbreitenden Eidgenossenschaft Einhalt zu thun.[3]) Wenn der Krieg dennoch ein unglückliches Ende genommen, so ist im Grunde nicht dem Kaiser die Schuld beizumessen, ebensowenig dem schwäbischen Bund, vielmehr dem Umstand, dass das Reich hier seine Sache aufgegeben hatte.[4])

---

[1]) Dell' arte della guerra II, Ausgabe von 1805, X, S. 78.
[2]) Ulmann I, S. 688 u. 692.
[3]) Müller, Reichstagstheater unter Maximilian I, S. 688.
[4]) Pirkheimer, bellum Helveticum, S. 78.

Das feindselige Verhältnis der deutschen Städte zur Eidgenossenschaft erscheint Machiavelli doch als etwas so ausserordentliches, dass er es durch eine freilich etwas gesuchte Erklärung noch besonders begründen zu müssen glaubt, zumal da ihm sowohl in der Schweiz wie in den Reichsstädten das Streben nach Freiheit und der Fürstenhass gleichmässig ausgebildet entgegentreten.[1]) Die Uneinigkeit entsteht ihm daraus, dass die Schweizer auch als Feinde der Edelleute nicht mit den deutschen Städten zusammengehen können, in denen die Sorge des Adels nur darauf gerichtet sei, den Unfrieden beider zu erhalten. Offenbar schwebt Machiavelli an dieser Stelle des Rapporto der Unterschied zwischen den Städten vor, in denen die Zünfte zur Herrschaft gekommen und denen, worin die Geschlechter noch oben auf waren; er schreibt so, als wenn bei den Schweizern die demokratische Verfassung allgemein sei, in den deutschen Städten dagegen durchaus die Herrschaft der Aristokratie im Vordergrund stünde. Zudem sei die Eifersucht zwischen den schweizer Söldnern und den deutschen Landsknechten so heftig, dass in einem Heere, wo beide vereint sind, Zweikämpfe ja kleine Gefechte unter ihnen unvermeidlich seien.[2]) Damit kommt Machiavelli der Sache näher. Durch Jahrhunderte hin hatte sich in der Schweiz ein dem deutschen vielfach entgegengesetzter Volkscharakter entwickelt, der garade zur Zeit des konstanzer Tages in den Verhandlungen Maximilians mit der Schweiz seinen beredten Ausdruck finden sollte. Um nur für den Romzug 6000 schweizer Söldner zu erlangen, musste sich der Kaiser zu dem für die Eidgenossen

---

1) Rapporto.
2) Pirkheimer, a. a. O., I, S. 73: et profecto omnes Germani arma et eam militandi disciplinam, qua nunc utuntur, ab Helvetiis accepere, abiectis scutis, quibus antea omnium nationum more utebantur. Experientia enim discebant, illa haud quaquam Phalangi et hastarum violentiae resistere posse; ac ideo ad meam usque aetatem sarissas, bipennes et gladios ferentes, Helvetii dicti sunt etiamsi in media Germania essent nati, quoad tandem ob Helvetiorum odium provincialium militum nomen, hoc est Landsknecht, emergere et celebre esse coepit. Vergl. Freytag, Bilder II, 1, Seite 414.

so wichtigen Zugeständnis verstehen, sie fortan nicht mehr als Glieder, sondern als „gehorsame Verwandte des Reiches" zu behandeln und sie von allen Verfügungen des Reichsregimentes und des Reichskammergerichtes förmlich loszusprechen, eine Erklärung in welcher der faktische Beginn der Unabhängigkeit der Schweiz zu suchen ist.[1]) Diese offenbare Trennung der Schweiz vom Reich finden wir bei Machiavelli nicht ausgesprochen, im Gegenteil er verschmilzt die Sitten und Einrichtungen in seinem Bericht derart mit deutschen Zuständen, dass es oft schwer zu sagen ist, wo er von der Schweiz, wo er von Deutschland spricht. Die Schilderung der militärischen Organisation der Städte, die Einteilung der Bürger in Fähnlein, ist wohl auf schweizerische Verhältnisse zurückzuführen, schon aus dem äusseren Grund, weil Machiavelli hier auch die Hellebardiere nennt, welche damals noch ausschliesslich im schweizerischen Fussvolk Verwendung fanden;[2]) ferner ist zu bemerken, dass zu Beginn des 16. Jahrhunderts wenigstens in den grösseren deutschen Städten der Übergang zum Söldnerwesen überall vollzogen war, obwohl rechtlich noch das Gesetz der allgemeinen Waffenbereitschaft in Geltung war.

Handgreiflich wird Machiavellis Uebertragung seiner Beobachtungen in der Schweiz auf deutsche Verhältnisse, wo es von Deutschland im allgemeinen handelt: „An der Macht Deutschlands darf Niemand zweifeln, denn es hat Ueberfluss an Menschen, Reichtümern und Waffen".[3]) Und was noch mehr ist, es hat nicht nur Ueberfluss an Menschen, die Deutschen sind es vielmehr allein, bei denen sich noch Rechtschaffenheit und Religion suchen und finden lässt.[4]) Zum Beweis wieder ein Beispiel: Kommt eine deutsche Stadt in die Lage, zu irgend einem öffentlichen Zweck eine bedeutendere Summe Geldes erheben zu müssen, so erlässt der Rat ein Ausschreiben, wonach jeder Bürger 1 oder 2 % von seinem Vermögen beizusteuern

---

1) Valentin Anshelm, Berner Chronik III, S. 321.
2) Freytag, Bilder II, 1, S. 414 und Barthold a. a. O., S. 81.
3) Rapporto.
4) Discorsi I, cap. 55.

hat; darauf erscheint ein Jeder vor seinem Steuereinnehmer, leistet einen Eid, zahlt ohne jeden Zeugen in eine geschlossene Kasse die Summe, welche er nach Pflicht und Gewissen geben zu müssen glaubt. Da auf diese Weise die Auflage immer gedeckt wird, so ist nicht daran zu zweifeln, dass Jeder seinen schuldigen Teil zahlt, man hätte sonst längst eine andere Besteuerungsart eingeführt. Was sind aber die Ursachen dieses deutschen Hochsinnes, dieser „antica bontà"? Einmal die Sesshaftigkeit der Deutschen, denn sie trieben niemals bedeutenden Handel mit ihren Nachbarn, die nicht zu ihnen kommen, da sie sich damit begnügen, was das Vaterland bietet, wodurch jede Berührung mit den Sitten der Franzosen, Spanier und Italiener abgeschnitten ist, „welche drei Nationen das Verderben der Welt sind". Der andere Grund, weshalb die Städte sich ihre unverderbte Verfassung erhalten haben, ist der, dass sie keinen Edelmann in ihrem Inneren dulden; fällt einer der Herren den Städtern in die Hände, so töten sie ihn als den Urheber aller Verderbnis. (Als Edelleute betrachtet Machiavelli in diesem Fall diejenigen, welche müssig vom Ertrag ihrer Besitzungen im Ueberfluss leben, „ohne sich mit einem zum Leben nötigen Geschäft zu befassen".) Diesen Edelleuten stellt Machiavelli das deutsche Volk gegenüber, ein reiches Volk. Reich aber sind die Deutschen, weil sie ärmlich leben, „denn sie bauen nicht, sie machen keinen Aufwand für Kleider, sie verwenden nichts auf Hausgeräte; es genügt ihnen, Überfluss an Brot und Fleisch und eine geheizte Stube zu haben; auf ihren Leib verwenden sie zwei Gulden in 10 Jahren; keiner schlägt an, was er entbehrt, sondern nur was er notwendig bedarf und ihre Bedürfnisse sind viel geringer als die anderer Völker". „Die Folge dieser Sitten ist, dass kein Geld aus ihrem Land geht, dass sie mit dem zufrieden sind, was es erzeugt."[1]) Dagegen geht in ihr Land beständig Geld ein, und zwar hauptsächlich durch Italien, welches voll von deutschen Erzeugnissen ist. Der Gewinn ist um so grösser, als die meisten Exportwaren aus Manu-

---

1) Ritratti.

fakturwaren bestehen, also hauptsächlich durch die Handarbeit ihren Wert erhalten, ohne dass grosses Kapital zur Herstellung nötig ist. Ja, Machiavelli steht nicht an zu behaupten, die deutsche Industrie sei der flämischen, die gerade damals in hoher Blüte stand, weit überlegen.[1]) „So geniessen die Deutschen ihr rauhes Leben und ihre Freiheit und wollen aus diesem Grund nicht in den Krieg ziehen, wenn sie nicht überbezahlt werden; auch dies würde sie nicht dazu bewegen, wenn sie nicht von ihren Städten dazu Befehl erhielten." Dies ist auch der Grund, weshalb ein deutscher Kaiser weit mehr Geld zur Kriegsführung bedarf als ein anderer Herrscher, dessen Land anders beschaffen ist.

Das Lob, welches Machiavelli hier der deutschen Genügsamkeit zollt, ist weit übertrieben. Die Verordnungen gegen den Luxus waren in den deutschen Reichsstädten so angebracht wie in Machiavellis Heimat. Fast auf jedem Reichstag jener Zeit wurden neue Kleiderordnungen, Verordnungen gegen übermässiges Trinken und Essen u. s. w. beraten und erlassen; gerade auf dem konstanzer Reichstag fanden die betreffenden Beschlüsse der Reichstage von Lindau 1497, von Freiburg 1498 und von Augsburg 1500 erneute Bestätigung.[2]) Findet Machiavelli die eine Ursache des Reichtums der Deutschen in ihrem ärmlichen Leben, so ist diese hinfällig, wenn er aber beobachtet, wie die meisten deutschen Exportartikel aus Manufakturwaren bestehen, so ist die Richtigkeit dieser Erklärung allerdings nicht anzufechten.[3])

Doch abgesehen von den äusseren Vorzügen der Deutschen, der Kriegstüchtigkeit und des Reichtums, entgeht Machiavelli nicht die charakteristische Eigenschaft der Gewissenhaftigkeit,

---

1) „Denn auf der Seite des Meeres können die Flamänder ihre Waren nicht absetzen und gegen Deutschland zu ist es ebenso, weil man dort mehr hat und macht als sie." Ritratti di Francia, Opere VI.

2) Datt, de p. p., S. 671 u. ff. und Müller, Reichstagstheater II, cap. 13, 14 und 41.

3) Hauptartikel der deutschen Ausfuhr über die Alpenwaren: Metalle, Pelzwerke und hauptsächlich Leder, Wolle- und Leinwandgewebe. Vergl. Simonsfeld, der Fondaco dei Tedeschi in Venedig II, S. 103.

welche den Deutschen ihm vor den romanischen Völkern anzugehören scheint. Diese Gewissenhaftigkeit weiss er in helles Licht zu setzen durch das Beispiel der ausserordentlichen Städtesteuern, die als direkte Vermögenssteuer auf eidlicher Angabe der Steuerpflichtigen beruhend eingezogen wurde, doch nicht so wie Machiavelli berichtet, dass ein allgemein giltiger Prozentsatz jedesmal ausgeschrieben wurde, sondern vielmehr nach Massgabe der Höhe des Vermögens der einzelnen Bürger; es war also eine Klassensteuer und zwar mit progressivem Steuerfuss. Um zu geringe Einschätzungen zu verhindern, hatte der Rat sich das Recht vorbehalten die betreffenden Vermögen zum fatierten Geldpreis zu erwerben, wenn er die Wertangabe für zu nieder erachtete.[1]) Man wusste sich also vor Betrug zu schützen, obwohl Machiavelli solche Fälle bei den Deutschen für ausgeschlossen hält.

Ein solches Vorbild der Redlichkeit seinen Italienern zu erklären, hält Machiavelli für besonders angezeigt, aber mit welch' wunderlicher Beweisführung! Nur deshalb kann sich diese Tugend in Deutschland erhalten, weil sie nicht befleckt ist von den schlechten Sitten der Nachbarvölker, nur deshalb weil die Deutschen nie bedeutenden Handel mit dem Ausland trieben, es müsste denn sein, dass die Fremden zu ihnen kommen. Eine Menge uns erhaltener Urkunden beweist das Gegenteil, den starken Handelsverkehr zwischen Deutschland und Italien, der von beiden Seiten durch Zusicherung des Schutzes und des Geleites von den einzelnen Städten durch immer neue Begünstigungen in steter Zunahme begriffen war, der trotz der Auffindung des neuen Seewegs nach Indien nicht geschwächt wurde. Die Blütezeit der Handelsbeziehungen zwischen den oberdeutschen Städten und Venedig fällt gerade in die erste Hälfte des 16. Jahrhunderts,[2]) man denke nur an den Handel

---

1) Schönberg, Finanzverhältnisse der Stadt Basel im 14. und 15. Jahrhundert, S. 134 u. ff. Diese Art der Selbsteinschätzung war bei den meisten deutschen Reichsstädten bei ausserordentlichen Steuern im Gebrauch.

2) Simonsfeld, der Fondaco dei Tedeschi in Venedig II, S. 123.

und Wandel in dem berühmten Fonticum Theutonicorum, das gerade damals, nachdem ein Brand das alte Gebäude eingeäschert hatte, herrlicher als zuvor wieder aufgebaut worden war. Selbst während Maximilian im Jahr 1508 mit Venedig im Krieg lag, unterliess es der Kaiser nicht durch ein besonderes Schreiben vom 6. Juni 1508 allen Venezianern in seinen Staaten Schutz und Freiheit des Verkehrs zuzusichern.[1]) Liest man dagegen unseren Bericht, so könnte man glauben, die Deutschen hätten sich damals vollkommen mit dem begnügt, was ihr Land bot. Wir haben zwar gesehen, wie Machiavelli richtig beobachtet, dass die meisten deutschen Ausfuhrartikel aus Manufakturwaren bestanden, wie sie als solche wohl geeignet waren eine günstige Handelsbilanz für Deutschland zu erzielen, doch die bedeutende Einfuhr nach Deutschland an Gold- und Silberwaren, an Seide und Sammet, an Wein und Gewürz scheint er nicht zu kennen, oder nicht kennen zu wollen. Hören wir, wie sich Luther in seiner Flugschrift „von Kaufshandlung und Wucher" vom Jahr 1524 gegen den auswärtigen Handel mit seiner Geldausfuhr auslässt. „Gott hat uns Deutschen dahin geschleudert, dass wir unser Gold und Silber müssen in fremde Länder stossen, alle Welt reich machen und selbst Bettler bleiben", wenn er Frankfurt das Silber- und Goldloch nennt, „dadurch aus deutschem Land fleusst, was nur quillet und wächst, gemünzt oder geschlagen wird bei uns", wenn er die Seide- und Sammetkrämer als „heimliche Räuber" verklagt.[2]) Die Einfuhr nach Deutschland nahm damals eine solche Ausdehnung an, dass sogar die Reichsgesetzgebung sich veranlasst sah dagegen Vorkehrungen zu treffen, so bestimmte der Reichstagsabschied von Köln 1512: „Kaufmannsgesellschaften, welche Waren wie Spezereien, Erze, Wollentuch u. s. w. durch Vorkauf allein in ihre Hände zu bringen und den Preis derselben ihres

---

1) Simonsfeld, a. a. O., I, Nr. 659.

2) Wiskemann, Darstellung der in Deutschland zur Zeit der Reformation herrschenden nationalökonomischen Ansichten in den Preisschriften der Fürstl. Jablonowskischen Gesellschaft S. 49 und 50.

Gefallens zu setzen unterstehen, sind verboten",[1]) eine Verordnung, welche später eine Verfügung des ständischen Reichsregimentes vom Jahr 1522 dahin abänderte, dass man den Handelsgesellschaften nur ein Kapital bis zu 50000 Gulden erlaubte.[2]) Diese monopolistische Tendenz, der man hier zusteuern suchte, konnte sich natürlich nur in Verbindung mit dem ausländischen Handel entwickeln.

Den Schluss von Machiavellis Untersuchungen über Deutschland bildet die Schilderung des deutschen Kriegswesens, das von den Deutschen vor allen anderen Völkern mit grossem Eifer gepflegt werde und welches deshalb auch auf einer hohen Stufe stehe; soviel ist wahr, dass gerade zu unseres Florentiners Zeit das deutsche Kriegswesen durch die reformatorischen Bestrebungen Maximilians eine vorteilhafte Umgestaltung erfahren hatte. Wenn auch die Reiterei bei Machiavellis Schilderung nicht so gut wie das Fussvolk wegkommt, so geschieht das mit einigem Recht, denn der Übergang von der schwer gerüsteten Reiterei zur leichten vollzog sich erst um die Mitte des 16. Jahrhunderts, wo sie zuerst durch Moritz von Sachsen und Albrecht Alcibiades infolge ihrer Neugestaltung Erfolge aufweisen konnte.[3]) Allerdings könnte man bei Machiavellis Beschreibung glauben, dass die deutsche Reiterei schon damals im wesentlichen so gewesen wäre wie zur Zeit des schmalkaldischen Krieges, indessen unser Gewährsmann irrt, wenn er behauptet,[4]) die Reiter seien nur mangelhaft gepanzert und die schwerfälligen Rosse gar nicht, weshalb die deutsche Reiterei der italienischen nicht gewachsen sei; jeder Fussknecht sei im Stand den Reiter mit der langen Pike aus dem Sattel zu heben, weil die Sättel zu klein und zu schwach seien, um irgend welchen Halt gewähren zu können. Dem gegenüber ist die Schilderung Quirinis doch massgebender,[5]) der ausdrücklich betont, wie die

---

1) Ulmann, a. a. O. II, S. 625.
2) Roscher, Geschichte der Nationalökonomik in Deutschland S. 85
3) Barthold, a. a. O., S. 202.
4) Ritratti.
5) Relazione S. 15 u. ff.

deutschen Reiter von Kopf bis zu Fuss in harten Stahl gehüllt ins Gefecht ziehen. Beide stimmen dagegen im Lob des deutschen Fussvolkes überein; vortrefflich schlage es sich in der Feldschlacht vermöge der guten Schlachtordnung und der bewährten Angriffswaffen, während freilich der Mangel an Schutzwaffen es zum Angriff oder zur Verteidigung von Festungen weniger geeignet erscheinen lasse; die einzige Waffe, die das deutsche Fussvolk zu fürchten habe, sei die Artillerie, denn sie allein könne durch ihre Fernwirkung das erreichen, was keiner anderen Waffengattung gelinge, nämlich auf Pikenlänge nahe zu kommen. Mehr als diese allgemeinen Daten über das deutsche Kriegswesen giebt Machiavelli nicht, während auch hier wieder sein venezianischer Kollege uns eine Fülle kostbarer Einzelheiten mitzuteilen weiss; er spricht nicht nur über Waffengattungen und Bewaffnung, sondern auch und zwar eingehend über Gliederung und Zahlenverhältnisse, über Schlachtordnung und Taktik, über Sold- und Lagerverhältnisse, sodass er gerade in dieser Beziehung eine hervorragende Quelle für die Kenntnis unserer deutschen Kriegsverfassung geworden ist.

Abgesehen von der Schilderung des Venezianerkrieges sind Machiavellis Angaben über Deutschland dürftig und im einzelnen oft unzutreffend, trotzdem manches davon gelegentlich als zuverlässige Quelle auch in Darstellungen seinen Weg gefunden hat. Aber „wie gegen jede Zeile in den Storie fiorentine irgend etwas einzuwenden wäre und ihr hoher, ja einziger Wert im ganzen dennoch bestehen bliebe",[1]) gerade so bei Machiavellis Schilderung von Deutschland. Sein Rapporto und seine Ritratti kennen wie seine politischen Werke, nur die eine Aufgabe den Staat auf seine Grundlagen, auf seinen wirklichen Zustand und auf das zu erstrebende Ziel hin zu untersuchen. Wenn nun unser Florentiner im Prinzipe und in den Discorsi darin in

---

1) Burkhardt, Die Kultur der Renaissance in Italien I, S. 81.

seiner Art etwas ausserordentliches leistet, wenn er für Italien und für Florenz eingehend zu prüfen und bis zu einem gewissen Grad trefflich zu raten versteht, so erklärt sich dieser Umstand dadurch, dass er auf Italien das Muster seines Ideals, des römischen Staatswesens, einigermassen mit Erfolg anzuwenden berechtigt ist. Der Italiener des beginnenden 16. Jahrhunderts war der geborene Nachfolger der Römer oder wenigstens fühlte er sich als solcher, die einzelnen Staatsformen Italiens, die Republik und die Tyrannis, waren sie auch hier entartet, so hatten sie auch im Altertum schon geblüht und reiche Frucht getragen. Mit dieser Überzeugung von der absoluten Güte der altrömischen Staatsform kommt Machiavelli nach Deutschland und findet ein ihm fremdes Volk, eine seiner bisherigen Anschauung vollständig fremde Verfassung; die natürliche Folge ist, dass er Deutschland in seiner politischen Gliederung erkennt, dass er aber nicht zu einem abschliessenden Urteil über die Gesamtstaatsverfassung gelangt; er findet nur ein negatives Resultat: „An der Macht Deutschlands kann Niemand zweifeln, denn es hat Überfluss an Menschen, Reichtümern und Waffen, aber seine Macht ist derart, dass man sich ihrer nicht bedienen kann",[1]) denn „gli Svizzeri sono inimicati da tutta la Magna, le communità da principi ed i principi dall' Imperatore". In diesem Satz ist die Gesamtsumme von Machiavellis Beobachtungen über das deutsche Reich als Staatsform ausgesprochen und zwar in einer Weise, die dem fremden Italiener alle Ehre macht, wenn er auch nicht zu einem positiven Ergebnis gelangt ist. Was die ständische Verfassung, die gerade zu Machiavellis Zeit sich dauernde und zwar verstärkte Macht zu verschaffen bestrebt war, versuchte, nämlich eine selbstthätige Anteilnahme der einzelnen Glieder des Reiches an der Regierung herzustellen, dafür hatte Machiavelli kein Verständnis, denn diese Bestrebung liess sich nicht in den Rahmen der antiken Auffassung vom Staat unterbringen, von der Machiavelli ganz und gar beherrscht war. Der Ansatz zum

---

1) Rapporto, opere VI, S. 319.

modernen zusammengesetzten Staat, der unverkennbar in jener Bewegung lag, hat sich vollständig der Beobachtung Machiavellis entzogen; auch der Einwand, dass er auf keinem deutschen Reichstag anwesend war, dass die Zeit seines Aufenthalts zu kurz bemessen war, kann ihn nicht von jenem Vorwurf befreien, denn seine Angaben über den konstanzer Tag, und sein Urteil über die deutschen Fürsten zeigen gerade, wenn auch nach einer anderen Richtung hin, die sich anbahnende Föderation der Stände. Doch sein Urteil wird uns verständlich, wenn wir betrachten, nach welchem Gesichtspunkt er den Wert eines Staates bemisst: „Die Macht eines Staates lässt sich daran erkennen, wie er mit seinem Nachbar steht",[1]) ein Massstab, mit welchem er auch Deutschlands Kraft bemessen, sonst hätte ihm nicht nur die politische Ohnmacht des Reiches nach aussen auffallen, sonst hätte er auch die Bestrebung nach innerer, festerer Organisation erkennen müssen.

Im Übrigen entgeht ihm nicht der Antagonismus Deutschlands in seiner gelockerten Staatsform zu Frankreich, wo er nur scharf ausgeprägte Centralisation antrifft;[2]) doch so bewundernswert dem Verfasser des Principe auch die französische Königsmacht erscheinen musste, warme Sympathie konnte er ihr nicht entgegenbringen; wohl aber können wir sein Behagen nachfühlen, wenn er die deutschen Reichsstädte, „die Inseln der Freiheit", mit Anschaulichkeit zu schildern weiss. Sieht er in der deutschen Gesamtstaatsverfassung nur Negatives, so sieht er in den deutschen Republiken umsomehr Positives, ist ihm das deutsche Staatswesen im Ganzen verwerflich, um so nachahmenswerter die Organisation der Städte und ihrer Bünde, welche auf Gleichberechtigung der Glieder beruhend sich zusammenschliessen nicht etwa zu Eroberungszwecken, nur um ihre Gesamtinteressen wahren zu können; dabei ist ihm nur der schwäbische Bund bekannt, nicht die auch damals noch mächtige norddeutsche Hansa und ihre jederzeit bewusst ge-

---

1) Discorsi II, cap. 30.
2) Discorsi I, cap. 55.

führte nordische Politik. Und nicht einmal die grossen Handelsstädte des südlichen Deutschlands findet man in seinen Schriften charakterisiert, obwohl er gelegentlich in seinen Depeschen auch einmal Strassburg, Ulm, Augsburg und Nürnberg erwähnt, vielmehr scheinen seine Angaben über die deutsche Städteverfassung mehr auf die kleineren Städte hinzudeuten, deren geschlossene, leicht zu übersehende Verwaltung und deren einfache Lebensweise der Bürger Machiavelli besonders nachahmenswert erschienen waren. Also selbst auf dem Gebiet der politischen Zusammensetzung des deutschen Reiches finden wir eine einseitige Anschauung; nur der Süden, wo der Schwerpunkt der Habsburger Macht ruhte, musste ihm dazu dienen, Deutschland im allgemeinen zu charakterisieren.

Man hat sich gewundert, dass Machiavelli nichts von der grossen religiösen und socialen Bewegung, von der sich vorbereitenden Reformation berichtet,[1]) ein Vorwurf der ihn ungerechtfertigt trifft. Wer möchte denn von ihm eingehende Erörterungen über Kirchenfragen erwarten, von dem Erzpolitiker, der höchstens dann einmal von der Kirche spricht, wenn er ihr die Schuld an der politischen Zerrissenheit Italiens zu kommen lässt?[2]) Übrigens mag er selbst für seine Entschuldigung sprechen: „das Schicksal wollte es, dass ich weder von der Seide- noch von der Wolleweberei, weder von Gewinn noch von Verlust zu reden verstehe; ich muss vom Staat reden, ich muss das Gelübde thun still zu schweigen oder von ihm zu reden".[3])

Um aber zu einem Ergebnis zu gelangen über den Wert von Machiavellis Wissen von Deutschland als Quelle für die deutsche Geschichte, möchte ich mich dem Urteil Tommasinis anschliessen: più sottile, che accorto.[4]) Weist Tommasini ferner darauf hin, dass die Stärke in unserem Bericht in der richtigen Erkenntnis der Ursachen der politischen Ohnmacht Deutschlands liegt, so ist ihm wieder zuzustimmen, wenn er

---

1) Heidenheimer, a. a. O., S. 71.
2) Discorsi I, cap. 12.
3) Brief an Francesco Vettori vom 9. April 1513.
4) Tommasini, a. a. O., S. 419.

aber vermutet, dass Pufendorfs Schrift de statu imperii germanici vom Jahr 1667 von Machiavellis Untersuchungen inspiriert sei, so geht er damit entschieden zu weit; weil die Resultate beider im allgemeinen die gleichen, glaubt sich Tommasini zu seiner Behauptung berechtigt. Übrigens spricht sich Machiavelli, wie gesagt, nicht direkt über die deutsche Staatsform aus, während Pufendorf zu einer Definition kommt, die freilich auch kein positives Ergebnis enthält, die gerade durch ihre Beweisführung jedes positive Ergebnis ausschliesst.[1]) Die Lehre Pufendorfs von der Monstrosität des deutschen Reiches hat gewiss nicht von Machiavellis Erörterungen ihren Ausgangspunkt genommen, man bedenke nur, wie Pufendorfs berühmte Schrift im wesentlichen aus der Absicht hervorgegangen ist, des Philipp Bogislav Chemnitz (Hippolithus a Lapide) Untersuchungen über das deutsche Staatsgebilde zu bekämpfen.[2]) Was Machiavelli über Deutschland sagt hatte in der Hauptsache schon Aeneas Sylvius Piccolomini erkannt; was die beiden Italiener als augenblicklichen Eindruck wiedergeben, stützt Pufendorf durch eingehende historische und staatsrechtliche Untersuchungen. Wenn nun Tommasini als eine Art Beweis für seine Vermutung noch den Umstand anführt,[3]) dass Pufendorfs genannte Schrift in ihrem einleitenden Brief und in ihrem Druckort Italien als Heimat angiebt,[4]) um damit leise die italienische Einwirkung anzudeuten, so ist dem entgegen zu halten, dass man auch sonst gelegentlich von Deutschland ausgehende anonyme Schriften in Italien erscheinen liess.

Wie die übrigen Schriften Machiavellis von der modernen Kritik so überaus verschieden aufgenommen sind, so auch der

---

1) Pufendorf, a. a. O., cap. VI, § 9: irregulare aliquod corpus et monstro simile.
2) De ratione status in Imperio nostro Romano-Germanico 1640. (Das Reich ist eine souveräne Fürstenaristokratie, in der das Haus Habsburg als die „familia Germaniae nostrae fatalis" erscheint.)
3) Tommasini, a. a. O., S. 427, Anm. 1.
4) Severinus de Monzambano, de statu imperii germanici, Veronae apud Franciscum Giulium 1667.

Bericht über Deutschland. Sprechen Gervinus[1]) und Burkhardt[2]) sich nur im allgemeinen über die Ritratti von Deutschland und Frankreich aus, „wie scharf M. in die Eigentümlichkeiten der Völker einzugehen verstand", „sodass auch der geborene Nordländer, der seine Landesgeschichte kennt, dem florentinischen Weisen für seine Lichtblicke dankbar sein wird", so erfährt Machiavelli eine ungleich schärfere Beurteilung von Mundt,[3]) der zuerst darauf hingewiesen, wie in unserem Bericht die Deutschen in ihrer Lebensweise in einem der Wirklichkeit nicht entsprechenden Licht erscheinen, wie Machiavellis Beschreibung durch die Erinnerung an die naturglücklichen Germanen des Tacitus unwillkürlich beeinflusst zu sein scheint. Wenn nun Villari[4]) die von Mundt beobachteten Unrichtigkeiten — dies sein Ausdruck — allein durch Machiavellis Übertragung der Sitten der Schweizer auf die Deutschen erklären will, so dürfte er diese Behauptung auf der Seite vorher selbst widerlegen: „In beiden Berichten, zumal im ersten (in dem über Deutschland) finden wir noch eine andere Eigenschaft: er ging gewissen Idealen nach, die sich seiner Phantasie in einer Weise bemächtigten, dass er sie bisweilen auch dort sah, wo sie gar nicht vorhanden waren, was ihn dazu führte, den Ereignissen, die er beschrieb, eine fast persönliche Färbung zu geben."

Eine ähnliche Erscheinung begegnet uns in der Schrift des Humanisten Aeneas Sylvius Piccolomini: De ritu, situ, moribus et conditione Germaniae descriptio, die freilich etwa 60 Jahre vor Machiavelli über die deutschen Zustände gehandelt, die aber in mancher Beziehung gerade die erwünschte Ergänzung zu unserem Bericht bietet. Unterzieht Machiavelli im wesentlichen nur die politischen Zustände seiner Betrachtung, so findet man bei Aeneas eine um so eingehendere Beschreibung des deutschen Kulturlebens, was sich daraus erklärt, dass Aeneas

---

1) Gervinus, historische Schriften I, Geschichte der florentinischen Historiographie, S. 97.
2) Burkhardt, a. a. O. II, S. 59.
3) Mundt, N. M. und das System der modernen Politik, S. 218 u. ff.
4) Villari, a a. O. II, S. 83.

während seines bekanntlich langen Aufenthalts in Deutschland Gelegenheit genug geboten war, dazu reichen Stoff zu sammeln und weiterhin musste es dem italienischen Humanisten darauf ankommen die deutsche Bildung im Gegensatz zur italienischen in einer freilich stark übertriebenen Schilderung zur Darstellung zu bringen; er kann nicht genug klagen über Deutschlands Unwissenheit, Rohheit und Sittenlosigkeit, während sich andererseits bei ihm auch eine unverhohlene Freude an den „fröhlichen" deutschen Städten geltend macht, wenn er ihren Reichtum, ihren ausserordentlichen Glanz in überschwänglichen Worten preist.[1]) Doch auch ihm entgeht nicht Deutschlands politische Schwäche, wenn er überlegen ausruft: „Wahrlich, ihr Deutschen, könntet noch Herrn der Welt sein wie ehedem, ohne eure Vielherrschaft, über die von jeher alle weisen Leute ihr Missfallen bezeugt haben." Unbedeutend bleibt neben unserem Bericht der Francesco Vettoris, des Mitgesandten und späteren Freundes Machiavellis; nach Ranke[2]) sieht sein Viaggio in Alemagna eher dem Dekamerone als einem vernünftigen Reisetagebuch ähnlich. Dagegen ist die Relazione di Germania vom Jahr 1507 des Venezianers Vincenzo Quirini, der als Gesandter bei dem konstanzer Reichstag anwesend war, voll wertvoller, meist durchaus zuverlässiger Angaben über die deutschen Verhältnisse und kann im Gegensatz zu unserer Relazion auf einer objektiven Anschauung beruhend den Anspruch auf eine gewisse Vollständigkeit mit vollem Recht erheben.[3]) Es ist hier nicht angebracht im einzelnen nachzuweisen, wie systematisch Quirinis Relazion die deutschen Verhältnisse behandelt; um aber nur einigermassen den Unterschied dieser Relazion von der unseren zu zeigen, lasse ich den Schluss von Quirinis Schrift, in welchem er seiner Behörde noch einmal kurz den Zusammenhang seiner Darstellung wiederholt, folgen:[4]) „In allen diesen Dingen haben Eure Hoheit gehört, erstens von der Beschaffenheit der inneren

---

1) Descriptio urbis Viennensis opera, S. 718.
2) Ranke, Deutsche Geschichte I, S. 107, Anm. 2.
3) cfr. Tommasini S. 419.
4) Relazione S. 57.

und äusseren Grenzen Deutschlands, von den einzelnen Ländern, von den weltlichen und geistlichen Fürsten, von den freien Städten, welche es in Deutschland giebt, ferner habt ihr vernommen, was ich von der Regierungsweise des ganzen Reiches und von seinen einzelnen Fürsten halte, sowohl von der römischen Königswahl wie von der Berufung der Reichs- und Landtage und weiterhin auch von den Machtverhältnissen des ganzen Reiches, der Fürsten und der freien Städte, von ihren Einkünften, von ihrem ausgezeichneten Kriegsvolk zu Fuss, von ihrer Reiterei und ihrer Artillerie und auch von den Trachten des ganzen deutschen Volkes. Ausserdem habt ihr mich reden hören über die Befähigung und die Charakteranlage des römischen Königs, über seine Beziehungen zu den früheren Fürsten, wie zu den noch gegenwärtig lebenden, und weshalb im Augenblick alle mitsamt den freien Reichsstädten auf den Reichstagen von seinem Willen abhängig sind, wieviel Mannschaft auf dem konstanzer Tag für den kaiserlichen Zug bewilligt worden und wieviel davon bis jetzt, wie man sagt, wirklich versammelt sind. Ferner habe ich gesprochen über die Macht und die Regierungsform der Schweiz, über alle ihre Verbündeten und Anhänger und über ihr augenblickliches Verhältnis zum Kaiser. Schliesslich habe ich euch über die Stellungnahme der deutschen Fürsten und Städte eurer hohen Regierung gegenüber und den anderen christlichen Mächten aufgeklärt, ebenso über die Gründe, weshalb ihr von allen Fürsten gehasst werdet, vom einen mehr, vom anderen weniger, und über die frühere und jetzige Stimmung des Königs gegenüber unserer Republik und den anderen christlichen Mächten, und wie er infolge der vielen, verschiedenen Antworten von Euch sich gegenwärtig nicht mehr zu seiner früheren guten Meinung zu Euch versieht. Ihr habt noch durch mich vernommen, was der Kaiser beabsichtigt, dass er schon einen grossen Teil seines Heeres beisammen hat, und wie er es entweder gegen Frankreich zu gebrauchen gedenkt — und dies aus vielen Gründen — oder gegen Euch aus manchen anderen auch nicht geringfügigen Anzeichen; und schliesslich habe ich noch gezeigt, welche Wege es giebt, auf denen er sein Heer herbeiführen kann, sei es nun, dass er es gegen den einen oder den anderen verwenden will." Schon aus diesem Schlusswort können wir ersehen, um wieviel eingehender der praktisch geschulte Venezianer seinen Stoff behandelte, als unser mehr theoretisch gebildeter florentinischer „Staatskünstler", über den auf diesem Gebiet das venezianische Gesandtschaftswesen einen vollständigen Sieg davongetragen.

Doch es wäre ungerecht, wollte man Machiavellis Bericht nur verurteilen ohne die Schwierigkeiten zu erklären, welche dem Italiener notwendig entgegentreten mussten, um so ungerechter, wenn man beobachtet, wie er in seinen Depeschen, auch noch in seinem Rapporto bemüht ist, die Wahrheit zu sagen. Bei seinem Interesse für Deutschland ist anzunehmen, dass Machiavelli jede Gelegenheit am kaiserlichen Hof ergriff, wo ja täglich die Räte und Gesandten kamen und gingen, Erkundigungen über den augenblicklichen Zustand der Verhandlungen, wie über den Zustand des Reiches überhaupt einzuziehen; bei Angaben, die ihm nicht ganz festzustehen scheinen, verfehlt er nicht die Quelle mitzuteilen. Da sind es vornehmlich der Kanzler des Kaisers, Matthäus Lang, der Protonotar Cyprian von Serntein und der tirolische Landmarschall Paul von Lichtenstein, „einer der drei ersten beim Kaiser", die er oft als Gewährsmänner erwähnt. Aber auch unterwegs auf der Reise benutzt er sozusagen jede Stunde um sich über die Verhältnisse zu erkundigen. Um nur ein Beispiel anzuführen: in der kurzen Zeit seines halbtägigen Aufenthalts in Konstanz[1]) frägt er dort den Gesandten des Herzogs von Savoyen, den Amadeo de Viry[2]) alles mögliche aus, sodass dieser ihm endlich antwortet, du willst in zwei Stunden wissen, was ich in vielen Monaten nicht habe erfahren können; dann besuchte er ebendort einen gefeierten flämischen Musiker Arrigo d'Ugo, „der eine Florentinerin zur Frau hat"[3]) und stellt noch schliesslich zwei Mailänder

---

1) Opere V, S. 256.
2) cfr. Tommasini S. 402.
3) Es scheint dies derselbe Mann zu sein, den Quirini, nachdem die Verhandlungen Venedigs mit dem Kaiser vorläufig abgebrochen waren, in seinen Sold genommen hatte. Quirini redet da von einem gewissen

im Dom zur Rede. Wir sehen, er lässt sich keine Gelegenheit entgehen. Gleichwohl ist er bescheiden genug, seinen Rapporto mit den Worten zu beginnen: „Ich gebe es nicht als wahr und vernünftig, vielmehr als Hörensagen" und dazu — bemerkt er an einer anderen Stelle — „ist es noch schwer Beschlüsse zu erfahren, weil diese Nation sehr verschwiegen ist". Am Schluss des Rapporto verweist er auf die wegen ihrer Handelsbeziehungen besser unterrichteten Venezianer; aber man bedenke nur, um wieviel leichter es den Venezianern infolge ihrer vererbten Staatsweisheit sein musste, ihre Relazionen zu schreiben, wie Machiavelli, der als Theoretiker, dazu noch als Neuling ein Land betrat, dessen Verfassung, Gebräuche und Nationalität ihm vollkommen fremd erscheinen mussten. In diesem Umstand mag auch der Grund zu suchen sein, weshalb seine Motivierungen von an sich richtigen Angaben fast regelmässig verfehlt sind; die Wirkung erkannte der scharfe Beobachter, die Ursache blieb dem Landesfremden verborgen. Dazu kommt noch, dass er im Gegensatz zu Quirini, der vom Februar bis November 1507 sich in Augsburg, Ulm, Konstanz und Strassburg aufgehalten,[1]) das eigentliche Deutschland kaum und nur so kurze Zeit gesehen, dass er also im wesentlichen in seiner Beschreibung nur das aufnehmen konnte, was er in der Schweiz und Tirol gesehen, aber das genügte ihm auch als Muster für Deutschland, wenigstens für Süddeutschland,[2]) denn die Schweizer sind ihm noch so gut ein Element des deutschen Reiches, wie die Städte, die Fürsten und der Kaiser.[3]) Dass Machiavellis Beschreibung von der dürftigen Lebensweise der Deutschen nur

---

„Flamänder, der als ein guter Musiker bei vielen Herren am Hof aus- und eingeht" und der sich für sein Alter gern ein Ruheplätzchen in Venedig, wo er schon einmal längere Zeit gelebt, sichern möchte. Dieser lebte in Konstanz und überbrachte einem ein paar Stunden von da postierten Diener Quirinis seine Beobachtungen vom Hof. cfr. Erdmannsdörffer, Über die Depeschen der venezianischen Gesandten, a. a. O., S. 83.

1) Erdmannsdörffer, a. a. O., S. 56.
2) Discorsi II, cap. 19: quella parte della Magna, di che, io parlo, sottaposta all Imperio Romano come la Francia e la Spagna.
3) Discorsi II, cap. 19.

dem Leben des armen schweizer Gebirgsvolkes entlehnt ist, ist unzweifelhaft, andererseits lässt sich diese verkehrte Anschauung noch aus dem Umstand erklären, dass Machiavelli eben nicht deutsch verstand, dass er also nicht imstande war diese Beobachtungen aus erster Quelle zu schöpfen; und wenn auch die Venezianer meist auch nicht deutsch verstanden, so wussten sie doch als tüchtige Kaufleute genauen Bescheid über das deutsche Leben zu geben.

Auf der einen Seite also sehen wir, wie gewissenhaft Machiavelli bestrebt ist, sich genaue Einsicht in das deutsche Wesen zu verschaffen, auf der anderen, welch' grosse Schwierigkeiten für ihn zu bewältigen waren, oder vielmehr nicht zu bewältigen waren um den wahren Zustand Deutschlands zu erkennen. Was ihn aber am meisten daran verhinderte war eine gewisse Tendenz, die sich, vielleicht ohne dass er es selbst wollte, in dem Bild, das er von Deutschland entworfen, doch unverkennbar wiederspiegelt. Es lässt sich nicht leugnen, dass ihm die deutschen Eindrücke in mancher Beziehung für sein Italien und für sein Florenz zu geeignet waren, als dass sich daran sein Volk nicht ein Vorbild hätte nehmen können und es ist deshalb schwer zu sagen, wo er in seinem Bericht als Historiker aufhört, wo er als berechnender Politiker anfängt. Dass Machiavelli bei seiner Schilderung unter dem Einfluss der unmittelbaren Erinnerung an Tacitus' Germania steht, möchte ich nicht behaupten, wohl aber dass ihn ein ähnlicher Beweggrund geleitet wie Tacitus, wenn er die Deutschen in dem Licht einer zum mindestens stark individualisierten und pointierten Auffassung erscheinen lässt. Konnte Tacitus seine Römer mit vollem Recht auf die von den Germanen drohende Gefahr hinweisen, wieviel natürlicher erscheint es, wenn ein Mann wie Machiavelli in einer Zeit, wo die Heere Deutschlands, Frankreichs und Spaniens zugleich das italienische Land verwüstend durchzogen, wo die Italiener nicht mehr imstande waren sich der Fremdherrschaft zu erwehren, wenn damals Machiavelli die sittliche Kraft der Germanen seinem bedrängten Volk als rettendes Vorbild entgegenhielt, mochte er auch selbst nicht von der

Wahrheit seiner Schilderung in dem Umfang, wie er sie ausgesprochen, überzeugt sein.

Welches Interesse Machiavelli den Deutschen ontgegenbrachte, lässt sich schon daraus erkennen, dass er aus der einen Legazion drei eigene Schriften hervorgehen liess, während als Resultat der vier Legazionen nach Frankreich uns nur eine Schrift überliefert ist; es mag zudem nicht zufällig sein, dass diese Schrift über Frankreich kein Rapporto nur Ritratti sind, dass Machiavelli es also nicht für nötig erachtete seiner Regierung eine besondere Denkschrift über die französischen Zustände einzureichen. Wie sein Interesse für Deutschland sich mit der Zeit zu einer ausgesprochenen Sympathie gesteigert, ist leicht zu beobachten, wenn man das Verhältnis des Rapporto zu den Ritratti näher ins Auge fasst. Was bestimmt Machiavelli dazu, obgleich diese letzte Schrift uns kaum etwas Neues bringt, dennoch auf die deutschen Zustände noch einmal zurückzukommen? Um so merkwürdiger erscheinen die Ritratti, als er seinen Discorso beginnt: „Da ich schon bei meiner Rückkehr vor einem Jahr über die Angelegenheiten des Kaisers und Deutschlands gesprochen habe, so weiss ich jetzt nichts mehr zu sagen"; und drei Jahre darauf schreibt er die Ritratti, ohne eigentlich etwas Neues darin zu bringen. Villari vermutet, dass Machiavelli damit in gewählterer Form ein grösseres Werk zu schreiben beabsichtigte, es aber unvollendet hinterliess,[1] eine Vermutung, die ich in keiner Weise teilen möchte. Wenn der Rapporto von etwas grösserem Umfang ist als die Ritratti, so kommt es nur daher, weil jener im Eingang noch die konstanzer Beschlüsse behandelt und mit einer Betrachtung der von Deutschland weiterhin zu erwartenden Massregeln abschliesst; der Rapporto ist geschrieben zur Orientierung des florentinischen Rates, er ist, wie er es selbst sagt, ein Bericht an eine Behörde. Die Ritratti dagegen Bilder aus Deutschland sind zu einem einheitlichen Gemälde der deutschen Kulturverhältnisse und der

---

[1] Tommasini geht nicht näher auf das Verhältnis des Rapporto zu den Ritratti ein.

deutschen Verfassung ausgearbeitet. Wunderbar bleibt nur bei der Sache, dass die Ritratti, wie gesagt vier Jahre später geschrieben, mit Ausnahme einer eingehenderen Schilderung der deutschen Waffenfähigkeit, nichts bringen, was nicht schon im Rapporto gesagt wäre. Möglich, dass Machiavelli in diesen vier Jahren manche Bestätigung seines Urteils über Deutschland gefunden haben mag, dass er durch seine Gesandtschaft nach Mantua an den kaiserlichen Hof im November und Dezember des Jahres 1509[1]) wieder von Neuem angeregt wurde, auf die deutschen Verhältnisse noch einmal zurückzukommen — wie es ja gewiss hier war, wo er seine Kenntnisse über das deutsche Kriegswesen bereichern konnte — aber es mussten doch nur Bestätigungen seines Urteils gewesen sein, die er inzwischen gefunden und keine neuen Nachrichten, denn von solchen ist nichts zu merken. Indessen nicht nur der Inhalt beider Schriften ist der gleiche, ganze Sätze, sogar ganze Abschnitte stimmen vollständig wörtlich überein; verschieden ist nur die Disposition. Die Ritratti beginnen mit der Schilderung der deutschen Machtmittel und schliessen mit dem Lob der militärischen Tüchtigkeit der Deutschen; nicht zu übersehen ist es, dass Machiavelli hier nicht mehr seine Quellen nennt, dass er alles als feststehend hinstellt, sodass man beim Lesen unwillkürlich den Eindruck erhält, als ob alles auch wirklich so in Deutschland wäre. Übt der Rapporto eine starke Kritik, so scheinen die Ritratti reich an positiven Ergebnissen, jedenfalls tritt hier das Negative weit hinter dem Positiven zurück. Was aber für die richtige Beurteilung des Charakters der Ritratti von der allergrössten Wichtigkeit sein dürfte, ist der Umstand, dass ihre Abfassungszeit gerade zwischen die Entstehung

---

[1]) Machiavelli brachte auf dieser Gesandtschaft die zweite Rate der dem Kaiser Maximilian im Vertrag zu Verona von Florenz gewährten 40000 Dukaten, im Betrag von 10000 Dukaten; dagegen verpflichtete sich Maximilian die Freiheit und den Besitz von Florenz unangetastet zu lassen. Opere V, S. 433. Übrigens kam Machiavelli auf dieser Gesandtsandtschaft nicht in direkte Berührung mit dem kaiserlichen Hof; die 10000 Dukaten zahlte er an einen vom Kaiser beglaubigten Notar Antimaco aus. Opere V, S. 437.

des Principe und der Discorsi fällt,[1]) also in eine Zeit, wo Machiavelli gerade mit den wichtigsten Werken seines Lebens beschäftigt war. Es ist nicht zu verkennen, dass je später seine Schriften abgefasst sind, er darin den deutschen Zuständen um so offener sein Lob zollt; wenn er z. B. in seinem geliebten Asino d'oro die deutschen Städte feiert:[2]) „Athen und Sparta, deren grosser Name einst die Welt erfüllte, sie gingen unter, als sie ihre Macht nach aussen wandten, aber heute lebt in Deutschland jede Stadt in friedlicher Ruhe, weil ihr Gebiet nicht mehr als sechs Meilen gross",[3]) wenn er in seiner Arte della guerra,[4]) nachdem er den deutschen Kriegseinrichtungen das Wort geredet, ausruft: „Wir könnten es auch so machen wie jene Völker, aber unsere Verblendung erlaubt uns nicht eine gute Massregel zu ergreifen."

Allein betrachtet man, inwieweit das, was er in Deutschland gesehen, seine Schriften im Ganzen beeinflusst hat, so ist zu sagen, dass eine wesentliche Änderung in seiner Auffassung vom Staat dadurch nicht herbeigeführt wurde, dass der Einfluss sich nur in sofern geltend macht, als er seiner Stadt einzelne Gebräuche zur Nachahmung empfiehlt. Machiavelli kannte wohl die in Florenz herrschende Demoralisation und es ist gewiss kein Zufall, wenn er seinen Mitbürgern gerade diejenigen deutschen Einrichtungen anpreist, welche eine auf das Bewusstsein des Volkes und auf die Einheit des Staates stärkende Wirkung ausüben mussten. Man kann nur bedauern, dass jener Vorschlag, den Vettori dem florentinischen Rat unterbreitet,

---

1) Villari, a. a. O. II, S. 268, principe 1513 beendigt, die Discorsi begonnen.
2) Villari III, S. 173, goldener Esel 1517 gedichtet. Welche Bedeutung Machiavelli diesem Gedicht beilegt, zeigt sein Brief an Lodovico Alamanni vom 17. Dezember 1517, worin er den goldenen Esel Ariosts Roland zur Seite stellt.
3) Ranke, Geschichten der roman. und german. Völker, S. 84: Den Florentinern gehorchten damals (1496) 800 ummauerte Plätze und 12000 offene Ortschaften; 130 Plätze erkannten Florenz als ihre Beschützerin an.
4) Villari III, S. 77: 1520 beendigt. Opere, Ausgabe 1805, Bd. X, Seite 78.

Machiavelli noch nach Ulm zu schicken, nicht zur Ausführung kommen konnte. Zwei Erfahrungen aber hatte er in Deutschlang doch gewonnen, die eine welche er hauptsächlich im Principe als das vornehmste Mittel einen Staat zu erhalten, ausspricht, nämlich die Einfachheit des Lebens der Bürger und eine militärische Erziehung des Volkes, die andere, welche uns in den Discorsi begegnet, welche die deutschen Städte in ihrer Verwaltung, wie in ihren Vereinigungen als ein nachahmenswertes Beispiel erscheinen lassen. Gerade dieser letzte Zug der deutschen Städtevereinigungen auf Grundlage der Gleichberechtigung musste unserem Florentiner besonders auffallen, wenn er die beständigen Kämpfe seiner italienischen Kommunen untereinander, wenn er ihren Hang nach Vorherrschaft über ihre Nachbargebiete immer und immer wieder hervortreten sah. Es lässt sich nicht leugnen, eine gewisse Macht nach aussen hin hatte sich Florenz geschaffen; aber einem Mann wie Machiavelli konnte es nicht verborgen bleiben, dass durch die langwierigen Fehden die Kraft von Florenz doch verzehrt wurde, ohne dass der Gewinn den Opfern, die man brachte, auch nur annähernd gleichkam, dass gerade mit dieser Ausdehnung des Gebietes der Anfang des Endes für die Blütezeit von Florenz gekommen war. „Das einzige freilich sehr heroische Mittel, die Freiheit zu bewahren, das nur Savonarola hätte durchführen können, und auch er nur mit Hilfe besonders glücklicher Umstände, wäre die rechtzeitige Auflösung Toskanas in eine Föderation freier Städte gewesen, ein Gedanke der erst als weit verspäteter Fiebertraum eines patriotischen Lucchesen, Francesco Burlamachi, 1548 auf das Schaffot bringt."[1]) Dass ein ähnlicher Gedanke auch Machiavelli vorgeschwebt, ist wohl möglich, wenn man seine ausgesprochene Sympathie für die deutsche Städteorganisation betrachtet, dass aber seine Zeit und die gegebenen Verhältnisse nicht zur Ausführung geeignet waren, das wusste er nur zu gut, als dass er etwas derartiges nur hätte aussprechen mögen. Die angeführte Stelle in seinem

---

1) Burkhardt I, S. 82.

goldenen Esel beweist zwar, wie sehr er die glücklichen deutschen Städte zu würdigen wusste, allein ihre Bünde auf einen fremden Boden zu verpflanzen, konnte und wollte er nicht befürworten.

Soviel sah er ein, dass in Deutschland die Grundlagen und die Ziele des Staates wesentlich anders geartet waren als in Italien;[1]) ihm konnte er zur Einung keine andere Hilfe geben als seinen Principe, der nur unter dem Gesichtspunkt der Zweckmässigkeit ohne Rücksicht auf Moral, das entartete Land zum Gehorsam zwingen sollte. Da Machiavelli es aber wohl erkannte, dass der geeignete Mann sich damals nicht finden liess,[2]) so wollte er wenigstens doch sein „verfassungskrankes" Florenz womöglich retten; ihm schrieb er seine Discorsi.

Während der Principe den damaligen Zuständen des Landes noch einigermassen Rechnung trug, waren die Discorsi wenig dazu geeignet der florentinischen Verfassung neues Leben zuzuführen, denn gerade damals zu Beginn der Neuzeit war das Muster eines antiken Staates am Ende doch nicht das, was einer modernen Stadt Heilung ihrer Schäden verheissen konnte. Betrachtet man die Verfassungskämpfe von Florenz, so wird man überzeugt, wie gerade hier der Popolo grasso und der Popolo minuto lebhaft bestrebt waren eine starke Zunftherrschaft zu errichten, indem sie das Heil des Staates in einer Stärkung des arbeitenden Bürgerstandes sahen. Aber das gerade Gegenteil bot Machiavellis Lehre, welche die einzelne Persönlichkeit nur als Mittel, nicht als Zweck des Staates betrachtet. Wenn Dante in seinem Idealismus einst in seiner Monarchia nur problematische Theorien ausgesprochen, ohne auf eine den wirklichen Verhältnissen entsprechende Erörterung einzugehen, wenn Machiavellis Zeitgenosse Thomas Morus noch viel weiter geht und den platonischen Idealstaat in seiner Utopia (1516

---

1) Discorsi II, cap. 19: e perchè altrove non sono tali condizioni, non si può prendere questo modo di vivere etc.

2) Discorsi I, cap. 55: ma lo infortunio suo (Toskana's) è stato tanto grande, che in fino a questi tempi non ha sortito alcun uomo che l'abbia potuto, o saputo fare.

erschienen) zu einem zwar interessanten, aber in die Wirklichkeit niemals zu übertragenden Phantasiegemälde ausmalt, wenn dann im Jahrhundert der Aufklärung Rousseau im Contrat social einen Staat zeigt, der durch seine Verdammung der Kultur ebenso unausführbar ist wie die sozialistischen Luftgespinnste unserer Zeit, deren Charakter der Nationalitätslosigkeit sie von vornherein zu einem Unding stempelt, so finden wir zwar diese Fehler bei Machiavelli nicht, weil er überzeugt war, dass jedes Land und jede Zeit eine besondere Staatsraison erfordert; wenn er aber dennoch seiner Stadt das alte Rom als nachahmenswertes Vorbild angreift, so war er sich nicht bewusst, dass die Politik eben die Kunst der Gegenwart κατ' ἐξοχήν ist, dass sie dazu berufen, das richtige Verhältnis zwischen der Vergangenheit und Zukunft eines Staates zu vermitteln, sonst hätte er nicht ins Altertum zurückgreifen können um am Beginn der Neuzeit für Florenz eine Staatsform zu wählen, die längst ihre Rolle ausgespielt.

Auf dem Gebiet der Wissenschaften und der bildenden Künste mag die Renaissance geeignet gewesen sein, neue Früchte zu zeitigen, aber auf das Gebiet der Politik übertragen und zwar mit einer Konsequenz wie von Machiavelli, konnte sie nicht das leisten, was sie leisten wollte, besonders nicht, wenn sie einseitig auf den altrömischen Staat beschränkt blieb, dessen Verfassung einer Stadt wie Florenz nur geringe Aussicht auf freie Entfaltung ihrer Kräfte bieten konnte.

Ich habe hervorgehoben, wie in Machiavellis Persönlichkeit der Historiker und der Politiker aufs innigste mit einander verbunden sind, ich möchte hier betonen, dass gerade diese zu enge Verbindung für Machiavellis Auffassung vom Staat verhängnisvoll werden musste. Soll der Historiker der „rückwärts gekehrte Prophet" sein, so muss der Politiker der Prophet der Gegenwart und der Zukunft sein. Doch wer hätte unseren Florentiner bessere Wege führen können? Vielleicht Deutschland, das gerade zu seiner Zeit durch die Ausbildung des ständischen Princips den Keim zum modernen Staat in sich trug. Es ist aber bekannt, wie dieser wesentliche Zug der deutschen Verfassung sich der Beobachtung Machiavellis entzogen hatte. Dagegen darf man nicht verkennen, dass Machiavelli es wohl zu schätzen verstand, welche Fülle von Macht in Deutschland ruhte; aber es entging ihm nicht, welche Zersplitterung der Interessen und deshalb der Kräfte vorhanden war, die nur, wie der Principe zeigt, durch eine einheitliche Gewalt zum kraftvollen Reich hätten vereinigt werden können.

Vita.

Ich, Rudolf Sillib, evangelischer Konfession, bin den 27ten Februar 1869 in Mannheim geboren. Nachdem ich drei Jahre die Vorschule besucht, bezog ich im Herbst 1878 das Grossherzogliche Gymnasium in Mannheim, welches ich im Herbst 1887 versehen mit dem Reifezeugnis für die Universität verliess. Wertvolle Förderung meiner geschichtlichen und volkswirtschaftlichen Studien, die ich während sechs Semestern auf den Universitäten Heidelberg und Berlin gepflegt, verdanke ich den Herren Professoren Braune, Curtius, Erdmannsdörffer, Fischer, Grimm, Knies, Meyer, v. Treitschke, Winkelmann und Zeller.